ÉCOLE

DE BATAILLON.

Fig 1er
Chef de Bataillon.
Grande tenue d'Eté.
Fig 2.
Adjudant Major.
Grande tenue d'hiver.
Fig 3.
Adjudant.
Petite tenue.

ÉCOLE DE BATAILLON,

A L'USAGE

DES GARDES NATIONAUX,

D'après l'ordonnance du 4 mars 1831.

COMPOSÉE DE SOIXANTE-QUINZE FIGURES COLORIÉES.

Par T. Sauvé,

Lieutenant dans la 5ᵉ Légion.

Paris,

A L'IMPRIMERIE LITHOGRAPHIQUE DE L'AUTEUR,

Rue de Cléry, Nᵒ 60.

1832.

AVERTISSEMENT.

Les bataillons de la Garde nationale n'étant composés que de six pelotons, j'ai dû me conformer à cette formation pour mes figures, et pour mon texte qui n'est que l'explication des figures. Si je me suis écarté en cela de la Théorie, qui a basé toutes ses manœuvres sur des bataillons de huit pelotons, je l'ai suivie scrupuleusement sur tous les autres points ; étant restreint par l'espace, cette innovation m'a donné le moyen de faire mes figures plus grandes et de pouvoir indiquer d'une manière plus précise la marche des officiers et des guides: je n'ai trouvé aucune objection à adopter cette marche, et j'ai pensé que si on manœuvrait dans un bataillon de huit pelotons, il serait très-facile d'adapter aux chefs des 4ᵉ et 5ᵉ pelotons ce qui est dit dans cet ouvrage pour les chefs des 3ᵉ et 4ᵉ pelotons.

L'article 14 de la 5ᵉ partie, seul m'a offert une difficulté : je ne pouvais, avec six pelotons, former un bataillon carré ; j'avais pensé d'abord faire un carré oblong dont la 1ʳᵉ face se composerait de la 1ʳᵉ division ; la 2ᵉ face, du peloton de droite de la 2ᵉ division ; la 3ᵉ face, du peloton de gauche de la même division, et la 3ᵉ division serrerait sur les deux ailes des deux pelotons de la 2ᵉ division : j'ai craint de m'éloigner trop des règles de la Théorie. M. de Castre, dont les connaissances sont si étendues dans cet art, et qui a bien voulu m'aider de ses avis, a trouvé que cette marche serait trop irrégulière; ce qui m'a déterminé, pour cette manœuvre, de remettre mon bataillon de huit pelotons. Je livre ma première idée aux chefs de bataillon qui seraient obligés de manœuver avec six pelotons.

Du reste, toutes les autres manœuvres s'exécutent par les mêmes principes et la même régularité que si les bataillons étaient composés de huit pelotons.

DIVISION DE L'ÉCOLE DE BATAILLON.

L'École de bataillon se divise en cinq parties :

La 1re comprend la manière d'ouvrir les rangs et d'exécuter les divers feux ;

La 2e, les différentes manières de passer de l'ordre en bataille à l'ordre en colonne ;

La 3e, la marche en colonne et les divers mouvemens relatifs à la colonne ;

La 4e, les différentes manières de passer de l'ordre en colonne à l'ordre en bataille ;

La 5e comprend la marche en bataille en avant et en retraite, la marche par le flanc, la formation par file en bataille ; le passage du défilé en retraite, les changemens de front, la colonne double sur le centre, les dispositions contre la cavalerie, le ralliement, et les règles à suivre pour manœuvrer par le 3e rang.

Dans chaque légion, les bataillons seront toujours placés de la droite à la gauche dans l'ordre de leur numéro.

Dans chaque bataillon, les compagnies seront également placées de la droite à la gauche, commençant par :

La compagnie de grenadiers qui formera le premier peloton ;

La première compagnie, le deuxième peloton ;

La deuxième compagnie, le troisième peloton ;

La troisième compagnie, le quatrième peloton ;

La quatrième compagnie, le cinquième peloton ;

Les voltigeurs, le sixième peloton.

Les premier et deuxième pelotons formeront la première division;

Les troisième et quatrième pelotons, la deuxième division ;

Les cinquième et sixième pelotons, la troisième division ;

Les premier, deuxième et troisième pelotons formeront le demi-bataillon de droite ;

Les quatrième, cinquième et sixième pelotons, le demi-bataillon de gauche.

La garde du drapeau sera composée de huit caporaux, soit en bataille ou en colonne, placés sur trois rangs ; chaque compagnie fournit un caporal, les deux en plus sont pris indistinctement ; le porte-drapeau se place au 1er rang, le caporal de grenadier à sa droite, le caporal de voltigeur à sa gauche, les autres caporaux aux 2e et 3e rangs.

Les caporaux de la garde du drapeau portent l'arme dans le bras droit, et ont toujours la bayonnette au canon.

Le caporal qui ferme la gauche du 3e rang et encadre le bataillon, sera pris dans le peloton de voltigeurs.

Lorsque les compagnies sont réunies pour exécuter les manœuvres de l'École de bataillon, il faut égaliser les pelotons et reverser sur les uns ce qui serait de trop sur les autres, afin que le même nombre d'hommes compose chaque peloton. Je sais que les Gardes nationaux n'aiment pas beaucoup à exécuter les commandemens des officiers qu'ils ne connaissent pas ; c'est ce qui m'a engagé à composer mes manœuvres de six pelotons : cependant il est indispensable que les pelotons soient égaux.

Comme dans la Garde nationale il n'y a pas de rang d'ancienneté pour les chefs de peloton, j'ai fait commander les divisions par les chefs des pelotons impairs, comme se trouvant les premiers dans l'ordre des numéros; mais si j'ai pris cette marche pour me guider dans mon ouvrage, ce n'est point une règle, et les chefs de pelotons pairs doivent commander alternativement avec les chefs des pelotons impairs, et exécuter réciproquement ce qui a été prescrit pour les chefs de division.

J'ai conservé dans cet ouvrage le mode que j'ai adopté pour mes Écoles du soldat et du peloton, qui est de faire manœuvrer le bataillon en face du lecteur : ainsi, la droite des figures sera à la droite du papier, ce qui la mettra à la gauche du lecteur et habituera les officiers à cette transposition qui existe lorsqu'ils font face à leur peloton.

Il est bien important pour l'intelligence des figures de se rappeler que, comme dans mes autres Écoles :

La teinte jaune sera toujours la position du bataillon avant qu'il n'ait fait aucun mouvement ;

Les traits restés en blanc, les différentes positions qu'occupent les pelotons pendant que le mouvement s'exécute;

La teinte bleue sera le mouvement entièrement terminé, ou prêt à se terminer;

Les lignes rouges indiqueront les distances que le chef de bataillon et les chefs de peloton ont à parcourir ;

Les carrés rouges, les places où ils font les divers commandemens.

Les lignes pointées et les flèches indiquent les distances que parcourent les adjudans, la marche des guides et le côté de la direction.

FIGURES REPRÉSENTANT LES DIFFÉRENS GRADES

EMPLOYÉS DANS L'ÉCOLE DE BATAILLON.

GRADES.	PLACES QU'ILS OCCUPENT EN BATAILLE.	PLACES QU'ILS OCCUPENT EN COLONNE.
CHEF DE BATAILLON.	A trente pas des serre-files, derrière le centre du bataillon.	Sur le flanc de la colonne du côté de la direction, ou à 12 ou 15 pas en avant du 1er peloton.
CHEF DE PELOTON...	A la droite de son peloton, au 1er rang.	A deux pas devant le centre de son peloton.
LIEUTENANT	En serre-file derrière le centre de la 2e section.	Comme en bataille.
SOUS-LIEUTENANT...	En serre-file derrière le centre de la 1re section.	Comme en bataille.
ADJUDANT-MAJOR...	A huit pas des serre-files derrière le centre du demi-bataillon de droite.	A hauteur du guide du 1er peloton du côté de la direction.
ADJUDANT........	A huit pas des serre-files derrière le centre du demi-bataillon de gauche.	A hauteur du guide du dernier peloton, du côté de la direction.
 PORTE-DRAPEAU....	A la gauche du 3e peloton au 1er rang.	Comme en bataille.
SOUS-OFFICIER DE REMPLACEMENT	A la droite de son peloton au 3e rang derrière le chef de peloton.	A la droite de son peloton au 1er rang; il est guide de droite.
2e SERGENT........	En serre-file à la gauche de son peloton.	A la gauche de son peloton au 1er rang; il est guide de gauche.
3e SERGENT.......	En serre-file à la droite du lieutenant.	Comme en bataille.
4e SERGENT.......	En serre-file à la gauche du sous-lieutenant.	Comme en bataille.
GUIDE GÉNÉRAL DE DROITE.	En serre-file à la droite du 1er peloton.	Comme en bataille.
GUIDE GÉNÉRAL DE GAUCHE.	En serre-file à la gauche du dernier peloton.	Comme en bataille.
CAPORAL DE GAUCHE.	Placé à la gauche du 3e rang du dernier peloton.	Ce caporal se porte en serre-file.
GARDE DU DRAPEAU.	Voyez page 2.	Comme en bataille.
JALONNEUR........	Se prend dans les 3e et 4e sergens.	En serre-file.
SAPEURS..........	Sur deux rangs placés à la droite du bataillon, leur gauche à quatre pas du 1er peloton.	Sur deux rangs, trente pas environ du 1er peloton.
TAMBOURS........	Sur deux rangs à vingt pas des serre-files derrière le 4e peloton.	Sur deux rangs, à quelques pas derrière les sapeurs.
MUSICIENS........	Sur trois rangs, à deux pas derrière les tambours.	Sur trois ou quatre rangs, selon leur nombre, à plusieurs pas derrière les tambours.

Bataillon en ordre de Bataille
Bataillon en ordre de Colonne
Fig. 5.
Fig. 6.
Chef de Bataillon
Musiciens
Tambours
Adjudant major.
Adjudant
Guide général de gauche
Guide général de droite
Demi-Bataillon de droite
Demi-Bataillon de gauche
1.re Division.
2.e Division.
3.e Division.
1.er Peloton.
2.e Peloton.
3.e Peloton.
4.e Peloton.
5.e Peloton.
6.e Peloton.
Sapeurs
Grenadiers
Chasseurs
Chasseurs
Chasseurs
Chasseurs
Voltigeurs.
Sapeurs
Tambours
Musiciens
Chef de Bataillon
1.er Peloton
2.e Peloton
3.e Peloton
4.e Peloton
5.e Peloton
6.e Peloton
Drapeau
Adjudant major.
Adjudant.
Guide général de droite

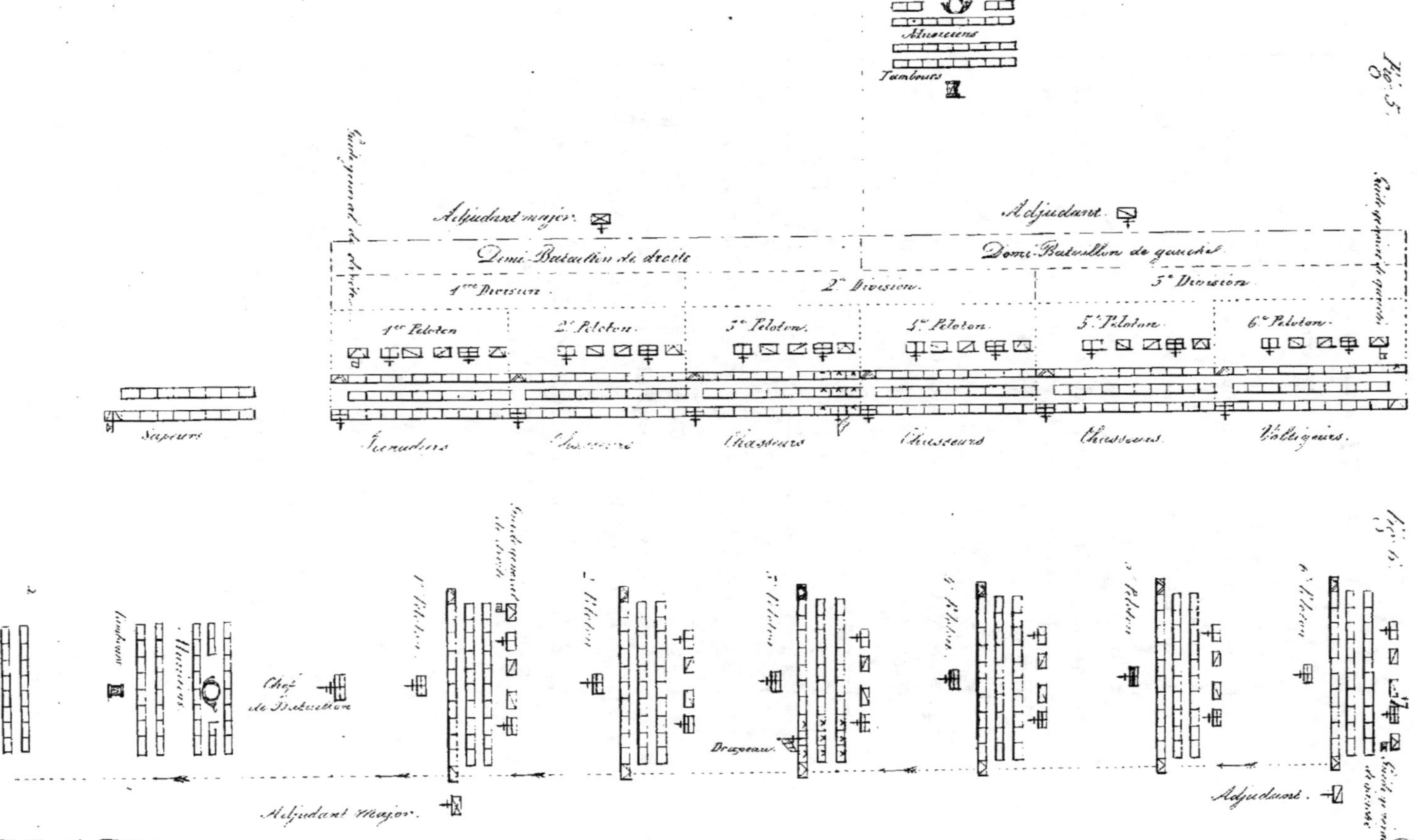

1re. PARTIE. — ARTICLE 1er.

Ouvrir les rangs.

Le bataillon étant en ordre de bataille, voyez figure 5, le chef de bataillon voulant faire ouvrir les rangs, commande : ..

L'adjudant-major se porte à la droite du rang des serre-files.

L'adjudant du même côté, quatre pas en arrière du rang des serre-files.

Le chef de bataillon voyant les adjudans placés, commande : A ce commandement, tous les chefs de peloton, ainsi que le sergent qui ferme la gauche du 1er rang du bataillon, reculent sur l'alignement des serre-files et sont alignés par l'adjudant-major (*).

Les sous-officiers de remplacement, et le caporal qui ferme la gauche du 3e rang, se portent quatre pas en arrière du rang des serre-files, vis-à-vis leur créneau, et sont alignés par l'adjudant sur le caporal de la gauche, lequel élève son arme verticalement entre les yeux, la crosse en l'air.

Ce qui étant exécuté, le chef de bataillon commande : .....

Les deux derniers rangs se portent en arrière; le 2e rang vient s'encadrer entre les chefs de peloton qui s'alignent entre eux; le 3e s'encadre entre les sous-officiers de remplacement qui alignent ce rang entre eux.

Les serre-files reculent à deux pas en arrière du 3e rang, et sont alignés à droite par l'adjudant-major sur le serre-file placé à la gauche du bataillon, lequel élève son arme la crosse en l'air.

Le chef de bataillon voyant les rangs alignés, commande : ..

Les chefs de peloton et le sergent de gauche reprennent leur place au 1er rang.

L'adjudant-major et l'adjudant reprennent leur place de bataille.

ARTICLE 2.

Maniement des armes.

Le chef de bataillon commande le maniement des armes dans l'ordre suivant : ....

Les officiers et sous-officiers placés dans les rangs restent face en tête pendant le maniement des armes.

(*) Si le bataillon était formé sur deux rangs, les commandemens seraient les mêmes; les chefs de peloton et le sergent fermant la gauche du 1er rang du bataillon resteraient à leur place; les sous-officiers de remplacement et le caporal placés à la gauche du 2e rang, se porteraient quatre pas en arrière du 1er rang, pour aller tracer l'alignement du 2e rang qui serait aligné par l'adjudant; l'adjudant-major alignerait les serre-files.

COMMANDEM[ENS]

1° *Garde à vous p[our] ouvrir vos rang[s.]*

2° *En arrière ou[vrez] vos rangs.*

3° MARCHE.

FIXE.

1° *Présentez* VOS [AR]MES,

2° *Portez* VOS ARM[ES,]

3° *Reposez sur* V[OS] ARMES,

4° *Portez* VOS ARM[ES,]

5° *L'arme* AU BRAS[,]

6° *Portez* VOS ARM[ES,]

7° *Croisez* LA BAYO[N]NETTE,

8° *Portez* VOS ARM[ES]

Ouvrir les Rangs

Fig. 7.

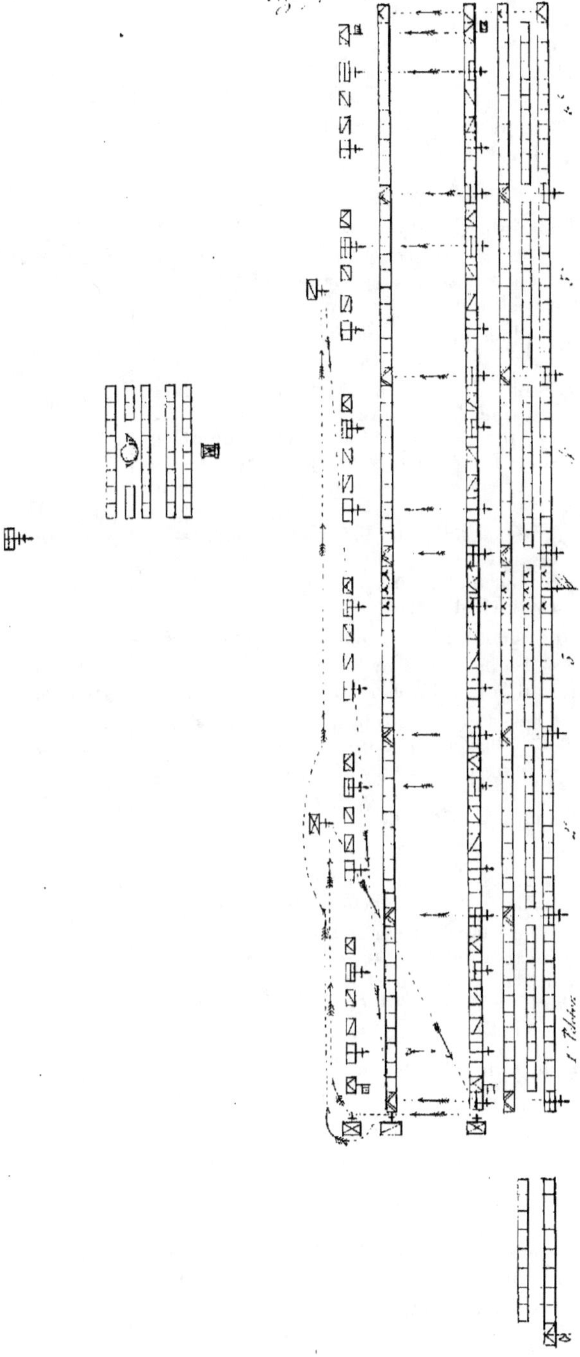

1re PARTIE. — ARTICLE 5.

Charge à volonté et feux.

Le chef de bataillon s'étant porté à sa place de bataille, commande : . . . .

1° Charge à volonté,
2° Chargez vos ARMES.

Les officiers et sous-officiers qui sont dans les rangs font un demi à droite au premier temps de la charge, et reviennent face en tête lorsque le soldat placé à côté d'eux passe l'arme à gauche.

Feu de peloton.

Pour faire exécuter le feu de peloton, le chef de bataillon commande : . . . .

1° Feu de peloton.

Les chefs de peloton se portent à quatre pas en arrière des serre-files au centre de leur peloton.

Les sous-officiers de remplacement reculent sur la ligne des serre-files vis-à-vis leur créneau.

Le sergent de gauche du bataillon recule à un pas en arrière du 3e rang ; le caporal qui ferme la gauche du 3e rang recule sur la ligne des serre-files ; le drapeau et sa garde reculent de manière que le 1er rang se trouve à hauteur du 3e rang. Cette règle est générale dans tous les feux. La garde du drapeau ne tire pas.

Ces dispositions étant faites, le chef de bataillon commande :

Commencez le feu.

Le feu commence par les pelotons impairs ; les chefs de ces pelotons, pour la première fois seulement, observent de ne commander *joue* et *feu* que l'un après l'autre.

Les chefs des 1er, 3e et 5e pelotons commandent ensemble en désignant leur numéro : . . . .

1° Peloton ARMES,
2° Joue,
3° Feu,
4° Chargez.

Le chef du 1er peloton seul, et de suite, commande : . . . .

Le chef du 3e peloton, après avoir entendu le feu du 1er peloton, commande : 2° *joue*, 3° *feu*, 4° *chargez* ; le chef du 5e peloton fait les mêmes commandemens aussitôt qu'il a entendu le feu du 3e peloton.

Lorsque le chef du 2e peloton voit quelques armes portées dans le 1er peloton, il commande : . . . .

1° 2e peloton ARMES,
2° Joue,
3° Feu,
4° Chargez.

Le chef du 4e peloton observe la même marche à l'égard du 3e, et le chef du 6e à l'égard du 5e ; le feu continue à volonté.

Le chef de bataillon voulant faire cesser le feu, fait faire un roulement qui est suivi d'un coup de baguette ; à ce signal, les chefs de peloton, la garde du drapeau et les sous-officiers reprennent leur place de bataille. Le feu de peloton exécuté par un bataillon est toujours direct.

Feu de demi-bataillon.

Pour faire exécuter ce feu, le chef de bataillon commande :

1° Feu de demi-ba-taillon,
2° Demi-bataillon de droite,
3° ARMES,
4° Joue,
5° Feu,
6° Chargez.

Au 1er commandement, les chefs de peloton, drapeau et sous-officiers, se portent à leur place dans les feux, comme il a été dit ci-dessus.

Après le feu du demi-bataillon de droite, le chef de bataillon voyant quelques armes portées dans les rangs de ce demi-bataillon, fait les mêmes commandemens pour le demi-bataillon de gauche, et commande alternativement les demi-bataillons.

Le feu cesse au roulement ; au coup de baguette chacun reprend sa place de bataille.

Places des Officiers et des Officiers dans les jeux

fig. 8.

3

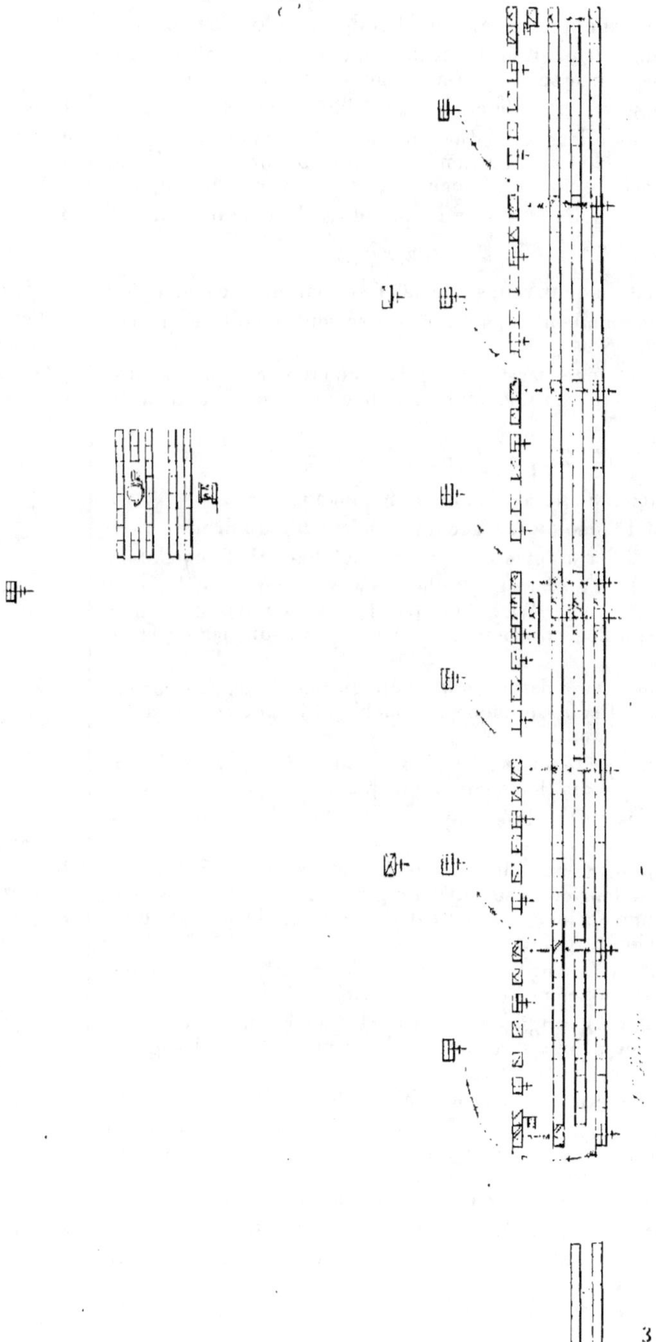

Feu de bataillon.

Pour faire exécuter ce feu, le chef de bataillon commande :

A ce commandement, les chefs de peloton, les sous-officiers, le drapeau et sa garde se portent aux places indiquées ci-contre.

Ce qui étant exécuté, le chef de bataillon commande : ......

Ce feu, comme dans le feu du demi-bataillon, peut être oblique; dans ce cas, le chef de bataillon commande *oblique à droite* ou *à gauche*, après le commandement d'*armes* et avant celui de *joue*.

Au coup de baguette, chacun reprend sa place de bataille.

Feu de deux rangs.

Pour le feu de deux rangs, le chef de bataillon commande :

Au 1er commandement, les officiers se sont portés aux places indiquées ci-dessus.

Le feu commence par la droite dans chaque peloton à-la-fois, et continue jusqu'au roulement, où chacun reprend sa place de bataille.

Feu par le troisième rang.

Pour ce feu, le chef de bataillon commande : ....

Les chefs de peloton se placent face à leur file de droite.

Le sous-officier se porte à un pas en arrière du chef de peloton.

Les serre-files traversent par le créneau du chef de peloton et se placent face en arrière à deux pas du 1er rang, vis-à-vis leur place de bataille, en passant derrière le sous-officier de remplacement.

L'adjudant-major passe par la droite du bataillon; l'adjudant, les tambours et la musique par la gauche, et se portent vis-à-vis leur place de bataille.

Le drapeau passe au 3e rang, le sergent et le caporal qui sont à la gauche du bataillon changent de place.

Lorsque les serre-files sont passés, le chef de bataillon commande : ....

Le bataillon ayant fait demi-tour, les chefs de peloton se portent dans leur créneau au 3e rang devenu 1er; les sous-officiers de remplacement se portent au 1er rang devenu 3e, derrière leur chef de peloton.

Le bataillon faisant face en arrière, le chef de bataillon fait exécuter les feux comme il a été expliqué ci-dessus.

Le feu de deux rangs commence par la gauche devenue droite, cependant les pelotons conservent leurs numéros, et les demi-bataillons leur dénomination.

Voulant remettre face en tête, le chef de bataillon commande :

Les chefs de peloton se placent face à l'homme de gauche du 3e rang; le sous-officier de remplacement se place à un pas derrière lui; les serre-files, adjudans, tambours, etc., exécutent ce qui a été dit ci-dessus, en passant par le même créneau.

Ce qui étant exécuté, le chef de bataillon commande : ......

Le bataillon ayant fait demi-tour, chacun reprend sa place de bataille.

1° *Feu de bataillon,*

2° *Bataillon,*
3° ARMES,
4° JOUE,
5° FEU,
6° CHARGEZ.

1° *Feu de deux rangs,*
2° *Bataillon,*
3° ARMES,
4° *Commencez le feu.*

1° *Face par le 3e rang,*

2° *Bataillon,*
3° *Demi - tour* A DROITE.

1° *Face par le 1er rang,*

2° *Bataillon,*
3° *Demi - tour* A DROITE.

Places des Officiers, Sous-Officiers et leurs files lors des Revues pour la 2.º Revue.

Fig. 9

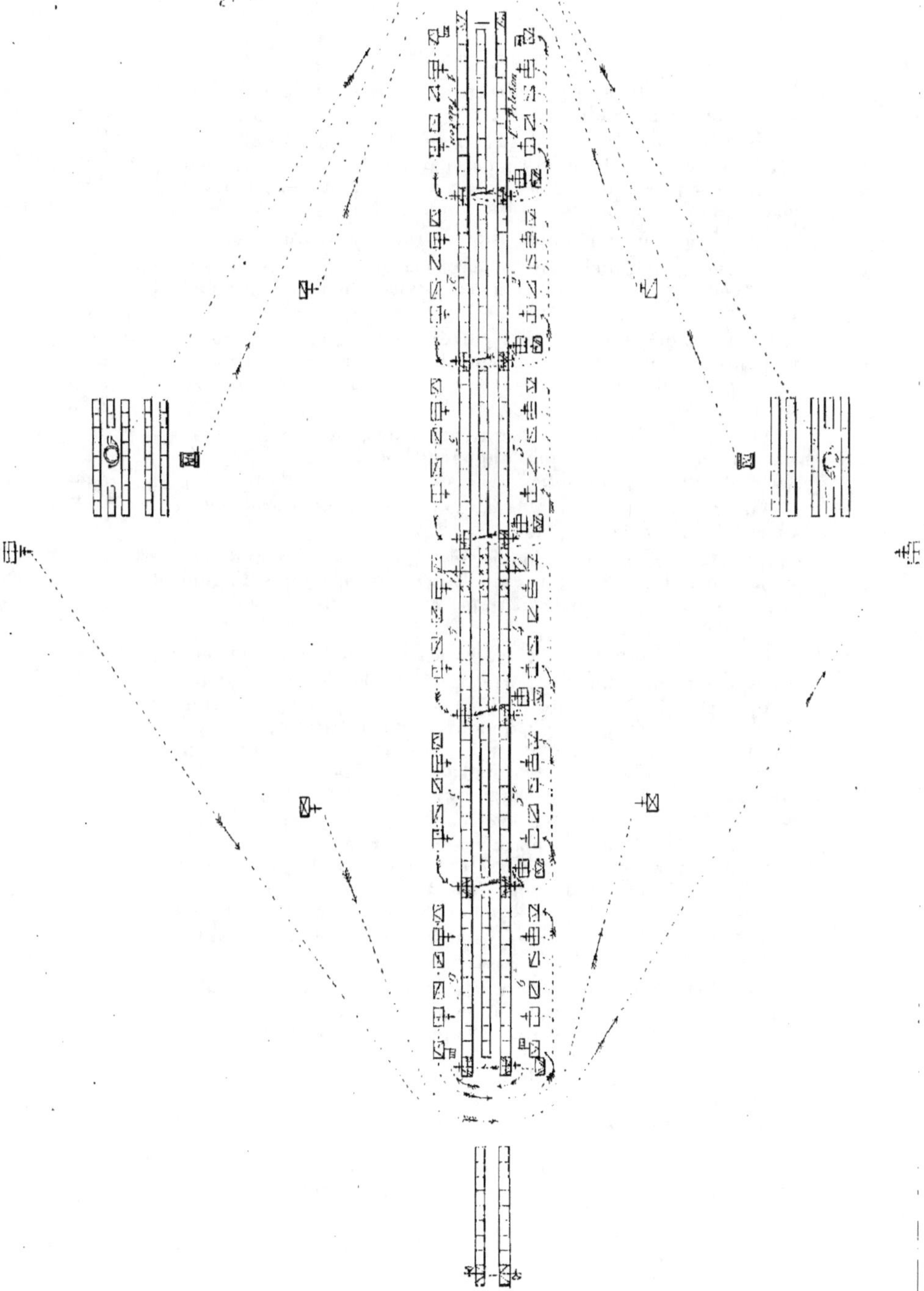

2ᵉ PARTIE.

Différentes manières de passer de l'ordre en colonne à l'ordre en bataille.

ARTICLE PREMIER.

Rompre à droite.

Le bataillon étant en bataille et correctement aligné, le chef de bataillon commande : ....

> 1° *Par peloton droite,*
> 2° *Pas accéléré,*
> MARCHE.

Au 1ᵉʳ commandement, les chefs de peloton se portent devant le centre de leur peloton et les préviennent que c'est la gauche qui marche ; les sous-officiers de remplacement se portent à la place des chefs de peloton au 1ᵉʳ rang.

Au 2ᵉ commandement, les pelotons rompent à droite.

Les guides de gauche se portent à la gauche du 1ᵉʳ rang de leur peloton, aussitôt qu'ils peuvent passer pour conduire l'aile marchante.

Les chefs de peloton se sont portés par la ligne la plus courte au point où doit arriver la gauche de leur peloton ; et trois pas avant que l'aile gauche ne soit arrivée près d'eux, ils commandent : ....

> 1° *Peloton,*
> 2° HALTE,
> 3° *A gauche* ALIGNEMENT,
> 4° FIXE.

Au 2ᵉ commandement, chaque guide de gauche se porte près de son chef de peloton, qui l'aligne sur l'homme de droite qui a fait à droite, et commande : ....

Au 3ᵉ commandement, le sous-officier de remplacement se place à la droite de son peloton.

Le bataillon étant en colonne, les adjudans se placent du côté de la direction ; l'adjudant-major à deux pas en dehors du guide du 1ᵉʳ peloton ; l'adjudant deux pas en dehors du guide du dernier peloton.

Pour faire rompre à gauche, le chef de bataillon commande :

> 1° *Par peloton gauche,*
> 2° *Pas accéléré,*
> MARCHE.

Chaque chef de peloton se porte devant le centre de son peloton, le prévient que c'est la droite qui marche, se porte par la ligne la plus courte au point où doit arriver l'aile droite ; trois pas avant qu'elle ne soit arrivée, il l'arrête par les commandemens ci-dessus ; le sous-officier de remplacement se porte près du chef de peloton, et lorsqu'il l'a aligné avec l'homme de gauche, il commande : ....

> *A droite* ALIGNEMENT,
> FIXE.

Le guide de gauche se place à côté de l'homme de gauche au 1ᵉʳ rang ; rompant à gauche, le bataillon se trouve avoir la gauche en tête. On fait rompre par division par les mêmes commandemens, en substituant le nom de division à celui de peloton.

Les chefs des pelotons impairs se portent deux pas devant le centre de leur division.

Les chefs des pelotons pairs restent à leur place de bataille et suivent le mouvement de la division.

Les sous-officiers des pelotons impairs sont guides de droite de la division.

Les guides de gauche de ces mêmes pelotons restent à leur place de bataille.

Les guides de gauche des pelotons pairs sont guides de gauche de la division.

Les sous-officiers de remplacement de ces pelotons gardent leur place de bataille derrière leur chef de peloton.

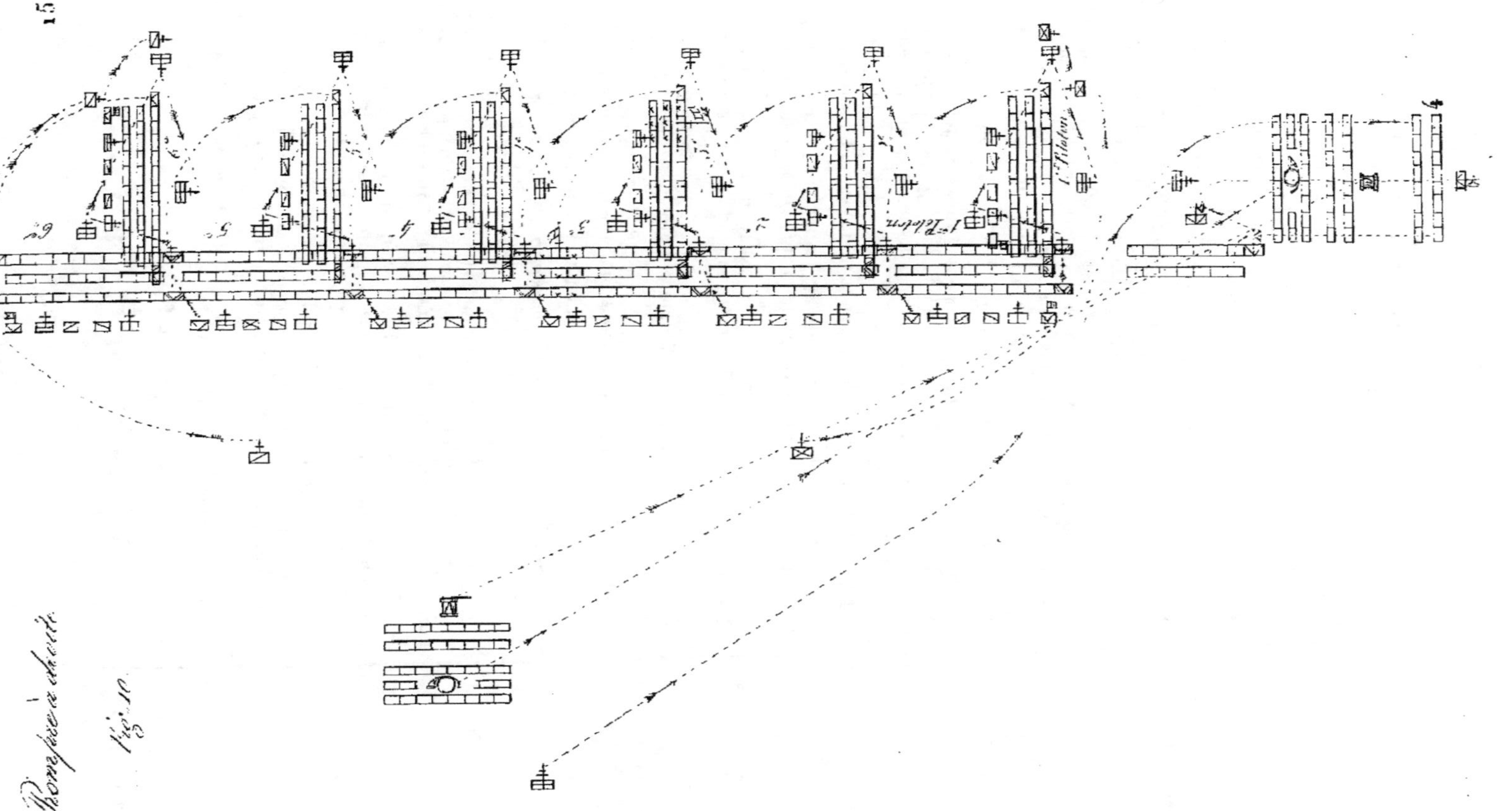
15
Rompre à droite
Fig. 10
1.er Peloton
1.er Peloton

2ᵉ PARTIE. — *Suite de l'article 1ᵉʳ.*

Rompre par division.

Si le bataillon, rompant à droite par division, les pelotons étaient en nombre impair,

Le chef du dernier peloton le conduirait à distance de peloton, placerait son guide de gauche sur la direction des guides de gauche des divisions, et y ferait aligner son peloton.

Si l'on rompait à gauche, il placerait son guide de droite à distance de division sur la direction du guide de droite de la division qu'il précéderait, et y alignerait son peloton.

Rompant à droite, ce peloton marcherait à distance de peloton derrière la dernière division ; rompant à gauche, il marcherait à distance de division devant la dernière division, toujours du côté de la direction.

Rompre par la droite pour marcher vers la gauche.

Le chef de bataillon commande : ....

Au 2ᵉ commandement, chaque chef de peloton se porte devant le centre de son peloton.

Le chef du 1ᵉʳ peloton commande : 1° *peloton en avant*, 2° *guide à gauche*.

Les autres chefs de peloton les préviennent que c'est la gauche qui marche. Ce qui étant exécuté, le chef de bataillon commande :

A ce commandement, le chef du 1ᵉʳ peloton fait marcher son peloton en avant deux fois l'étendue de son front.

Les autres pelotons rompent à droite par les principes expliqués à la page précédente.

Aussitôt que le bataillon a rompu, l'adjudant-major place deux jalonneurs du côté de la direction, le 1ᵉʳ à hauteur du 1ᵉʳ peloton qui s'est porté en avant, le second à hauteur du 2ᵉ peloton.

Ce mouvement terminé, le chef de bataillon commande : ...

Au 2ᵉ commandement, le chef du 1ᵉʳ peloton commande : 1° *tournez à gauche*, 2° MARCHE ; son guide de gauche se dirige dans la nouvelle direction, qui doit être parallèle à la ligne de bataille.

Le chef du 2ᵉ peloton a également commandé *tournez à gauche*; il dirige son peloton sur le 1ᵉʳ jalonneur, et trois pas avant que son guide ne soit arrivé près de ce jalonneur, il commande une 2ᵉ fois :

et aussitôt que son guide touche le jalonneur, il commande : ...

Son guide se dirige sur le guide du 1ᵉʳ peloton ; tous les autres pelotons suivent ce mouvement.

Dans cette manœuvre, le 1ᵉʳ peloton a avancé deux fois l'étendue de son front, et à tourné à gauche une fois ; les autres pelotons ont rompu et fait deux tournez à gauche.

On rompt par la gauche pour marcher vers la droite, par les mêmes principes et par les commandemens inverses. C'est le dernier peloton qui se porte en avant deux fois l'étendue de son front.

COMMANDEMENS.

1° *Rompre par la droite pour marcher vers la gauche,*
2° *Par peloton* A DROITE,

3° *Pas accéléré,* MARCHE.

1° *Pas accéléré,*
2° MARCHE.

1° *Tournez à gauche,*
2° MARCHE.

Rompre à droite pour manœuvrer vers la gauche.

Fig. 11.

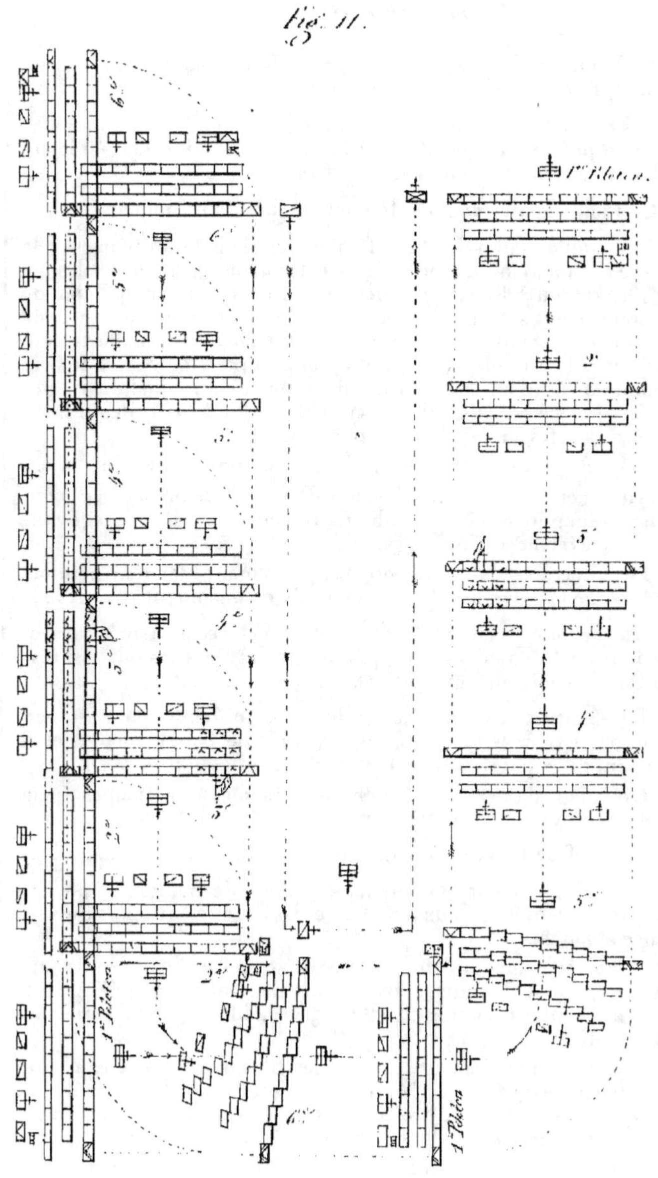

2ᵉ PARTIE. — ARTICLE 2.

Rompre en arrière à droite.

Le bataillon étant en bataille , pour faire rompre en arrière à droite, le chef de bataillon commande : ....

Les chefs de peloton se portent devant le centre de leur peloton et préviennent qu'ils vont faire à droite ; les sous-officiers de remplacement se portent au 1ᵉʳ rang.

Ce mouvement exécuté , le chef de bataillon commande : ...

Le bataillon fait à droite ; chaque chef de peloton se porte à la droite de son peloton, fait déboîter les trois premières files en arrière de toute l'épaisseur des trois rangs ; le sous-officier de remplacement se place devant l'homme du 1ᵉʳ rang ; les chefs de peloton se placent à hauteur et font face à la dernière file de gauche du peloton qui précède , et appuie sa poitrine contre le bras gauche de l'homme du 1ᵉʳ rang de cette file ; le chef du 1ᵉʳ peloton se place comme s'il y avait un peloton à la droite du sien , s'aligne sur les autres chefs de peloton.

Cette disposition faite , le chef de bataillon commande : .....

Au 4ᵉ commandement, les sous-officiers de remplacement conduisent leur peloton perpendiculairement en arrière, chaque file vient converser à la même place.

Les chefs de peloton ne bougent pas, voient filer leur peloton, et lorsque la dernière file converse, ils commandent : ....

Au 2ᵉ commandement, les guides de gauche se portent à hauteur de leur chef de peloton, et quand ces derniers les ont assurés , ils font le commandement de : ....

Les chefs de peloton reculent deux pas en dehors pour aligner, commandent FIXE quand ils sont assurés de l'alignement , et se portent deux pas devant le centre de leur peloton.

On rompt en arrière à gauche par les mêmes principes , mais par les moyens et commandemens inverses.

Le chef de bataillon commande : ....

Au premier commandement, les chefs de peloton se portent devant le centre de leur peloton, et les avertissent qu'ils doivent faire à gauche.

Au 2ᵉ commandement, ils se portent au flanc gauche de leur peloton , font déboîter les trois files de gauche en arrière , et se placent contre l'homme du 1ᵉʳ rang de la file de droite du peloton qui suit.

Au 4ᵉ commandement, toutes les files conversent conduites par le guide de gauche ; le chef de peloton voit filer son peloton, et quand son guide de droite arrive à sa hauteur, il commande : 1º *peloton* , 2º HALTE , 3º FRONT , 4º *à droite* ALIGNEMENT.

Au 3ᵉ commandement, le guide de droite se place contre le chef de peloton qui aligne à droite, commande FIXE et se porte devant le centre de son peloton.

On rompt en avant à droite ou à gauche par les mêmes principes ; mais on n'emploie cette manœuvre que quand le terrain ne permet pas de rompre en arrière, cette manœuvre étant plus régulière.

Rompre en arrière à droite.

Fig. 12.

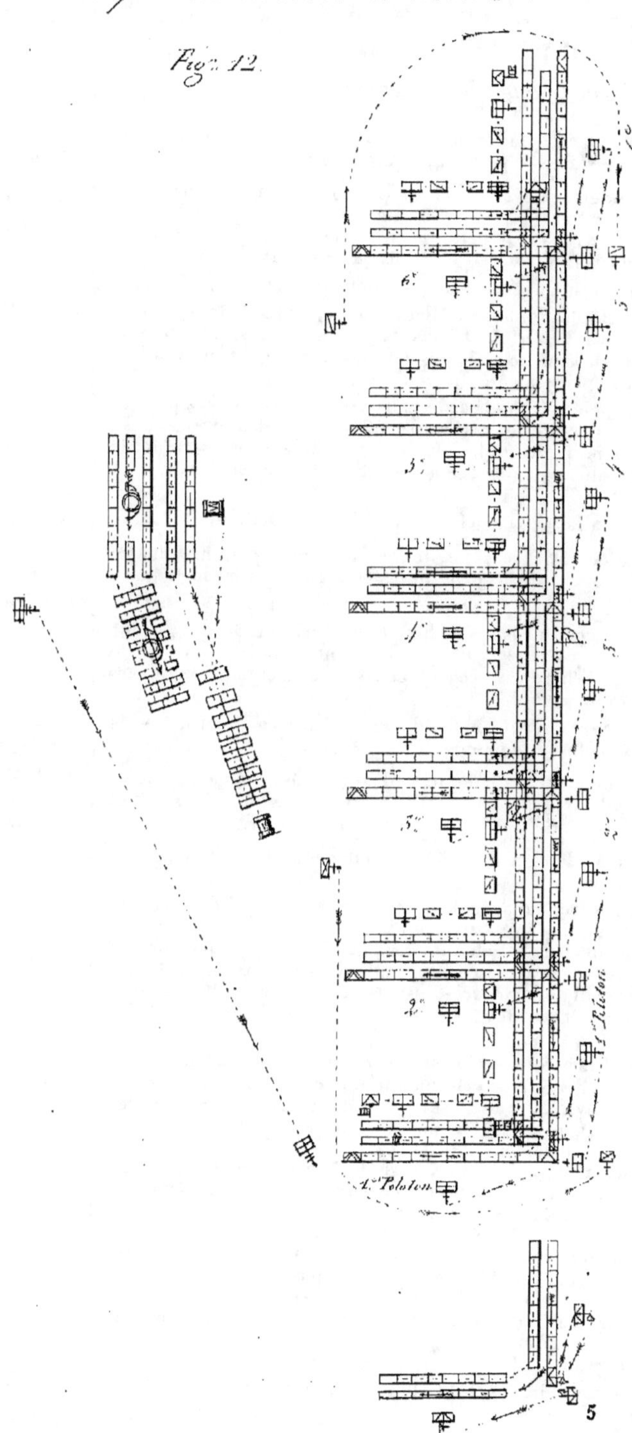

2ᵉ PARTIE. — ARTICLE 5.

Ployer le bataillon en colonne serrée.

Le bataillon étant en bataille, le chef de bataillon voulant le ployer en colonne serrée sur le 3ᵉ peloton, commande : ....

Au 2ᵉ commandement, les chefs de peloton se portent devant le centre de leur peloton ; le chef du 3ᵉ peloton l'avertit qu'il ne bouge pas ; les chefs des 1ᵉʳ et 2ᵉ pelotons les avertissent qu'ils feront à gauche ; les chefs des 4ᵉ, 5ᵉ et 6ᵉ pelotons qu'ils feront à droite.

Ce qui étant exécuté, le chef de bataillon commande : ....

Les 1ᵉʳ et 2ᵉ pelotons font par le flanc gauche, leurs chefs se portent à la gauche de leur peloton, font déboîter en avant les trois files de gauche ; le guide de gauche se place devant l'homme du 1ᵉʳ rang ; le chef de peloton se place à côté du guide.

Les 4ᵉ, 5ᵉ et 6ᵉ pelotons font par le flanc droit ; leurs chefs se portent à la droite et font déboîter en arrière les trois files de droite ; les sous-officiers de remplacement se placent devant l'homme du 1ᵉʳ rang de leur peloton ; les chefs de peloton à côté de leur sous-officier de remplacement.

Cette disposition faite, le chef de bataillon commande : ....

A ce commandement, tous les pelotons se mettent en marche ; aussitôt que le guide de gauche du 3ᵉ peloton peut passer, le chef de ce peloton commande : ....

Le 2ᵉ peloton, conduit par son chef, tourne par file à droite, gagne l'espace de six pas qui est la distance qui doit séparer chaque guide lorsque l'on est en colonne serrée, et entre dans la colonne parallélement au 3ᵉ peloton.

Le chef de peloton voyant son guide de gauche à hauteur du guide de gauche du 3ᵉ peloton, commande : ....

Au 2ᵉ commandement, le peloton s'arrête ; au 3ᵉ commandement il fait front ; le guide de gauche fait face en arrière, se place à six pas et sur la direction du guide de gauche du 3ᵉ peloton.

Le peloton aligné, le chef de peloton commande FIXE, et se porte à sa place de colonne.

Le 1ᵉʳ peloton marche diagonalement vers le point où il doit prendre rang dans la colonne ; arrivé à six pas du flanc droit du 2ᵉ peloton, il entre parallélement dans la colonne, conduit par son chef qui, lorsque son guide de gauche est à hauteur du guide de gauche du 2ᵉ peloton, l'arrête par les commandemens ci-dessus prescrits ; son guide de gauche fait face en arrière et se place à six pas et sur la direction du guide du 2ᵉ peloton.

Les trois derniers pelotons se sont mis en marche en même temps, conduits par leur chef. Le 4ᵉ peloton a tourné par file à droite l'espace de six pas qui doivent séparer son guide du guide qui le précède ; arrivé à cette distance, le chef de peloton s'arrête, laisse filer son peloton, qui entre parallélement dans la colonne conduit par le sous-officier de remplacement, et lorsque son guide de gauche arrive à sa hauteur, il arrête son peloton par les commandemens ci-dessus ; le guide de gauche se place à six pas et dans la direction du guide qui le précède. Les chefs des 5ᵉ et 6ᵉ pelotons conduisent leur peloton diagonalement au point où ils doivent entrer carrément dans la colonne ; arrivés à cet endroit, laissent filer leur peloton, l'arrêtent et l'alignent par les commandemens déjà expliqués, commandent FIXE, et se portent à leur place de colonne. L'adjudant-major assure les guides en avant du peloton de direction. L'adjudant assure la position des guides qui sont en arrière de ce peloton.

Les pelotons étant alignés, le chef de bataillon commande : ....

Ployer le Bataillon en colonne serrée sur le 5ᵉ Peloton.

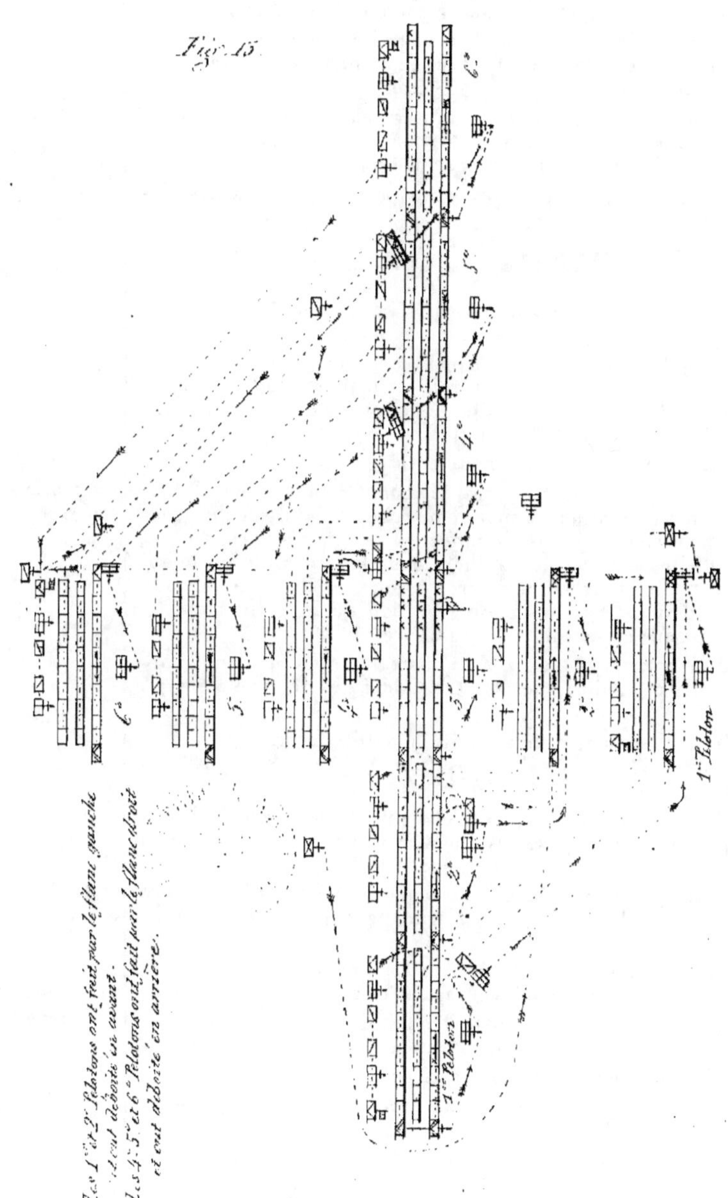

2e PARTIE. — *Suite de l'article 5.*

L'exemple donné à la page précédente peut servir pour tous les pelotons sur lesquels on voudrait ployer la colonne.

Si c'était sur le 1er peloton, le chef de ce peloton ferait ce qui a été expliqué pour le 3e peloton; les cinq autres exécuteraient ce qui a été dit pour les 4e, 5e et 6e pelotons.

Si c'était sur le dernier, le chef de ce peloton ferait ce qui a été dit pour le 3e peloton, les cinq premiers se conformeraient à ce qui a été expliqué pour les 1er et 2e pelotons.

Si la gauche est en tête, les principes sont les mêmes, les moyens inverses.

5e PARTIE. — ARTICLE 1er.

Marche en colonne avec distance entière.

Le chef de bataillon voulant mettre le bataillon en marche, indique au guide de la tête l'endroit sur lequel il doit se diriger; le guide fait face à l'endroit indiqué, et prend des points à terre pour déterminer la direction qu'il doit suivre.

Le chef de bataillon commande ensuite : . . . .

Au 3e commandement, qui est vivement répété par les chefs de peloton, le bataillon se met en marche, le guide se dirigeant exactement dans la direction donnée; les autres guides conservent le pas et leur distance, et marchent dans les traces du guide qui précède, et si la direction se trouve un peu changée, chaque guide ne doit entrer dans cette direction qu'au point où le 1er guide s'est mis en marche, voyez figure 14.

L'adjudant-major se tient à hauteur du 1er guide dont il surveille la marche, ainsi que celle des guides des deux pelotons qui suivent.

L'adjudant se tient à hauteur du guide du dernier peloton et veille à ce que les guides des trois derniers pelotons soient bien dans la direction.

Le chef de bataillon se place sur le flanc du côté de la direction, pour s'assurer si les distances entre les pelotons sont bien observées.

La colonne étant en marche, le chef de bataillon fait rompre et former les pelotons d'après les principes prescrits à l'École du peloton.

Le chef de bataillon ayant fait arrêter la colonne, s'il veut la porter en arrière sans employer la contre-marche, il commande :

Au 2e commandement, le bataillon fait demi-tour; au 3e commandement, il se met en marche par le 3e rang.

Les chefs de peloton restent derrière le 1er rang devenu 3e.

Les guides se portent au 3e rang devenu 1er, et les serre-files marchent devant le 3e rang.

Si ce mouvement s'exécutait la colonne étant par division, les chefs des pelotons pairs se porteraient au 3e rang, et les sous-officiers de remplacement dans le rang des serre-files.

Cependant cette manœuvre ne s'exécute que dans le cas où l'on aurait peu d'espace à parcourir, et que l'on remettrait de suite la colonne face en tête.

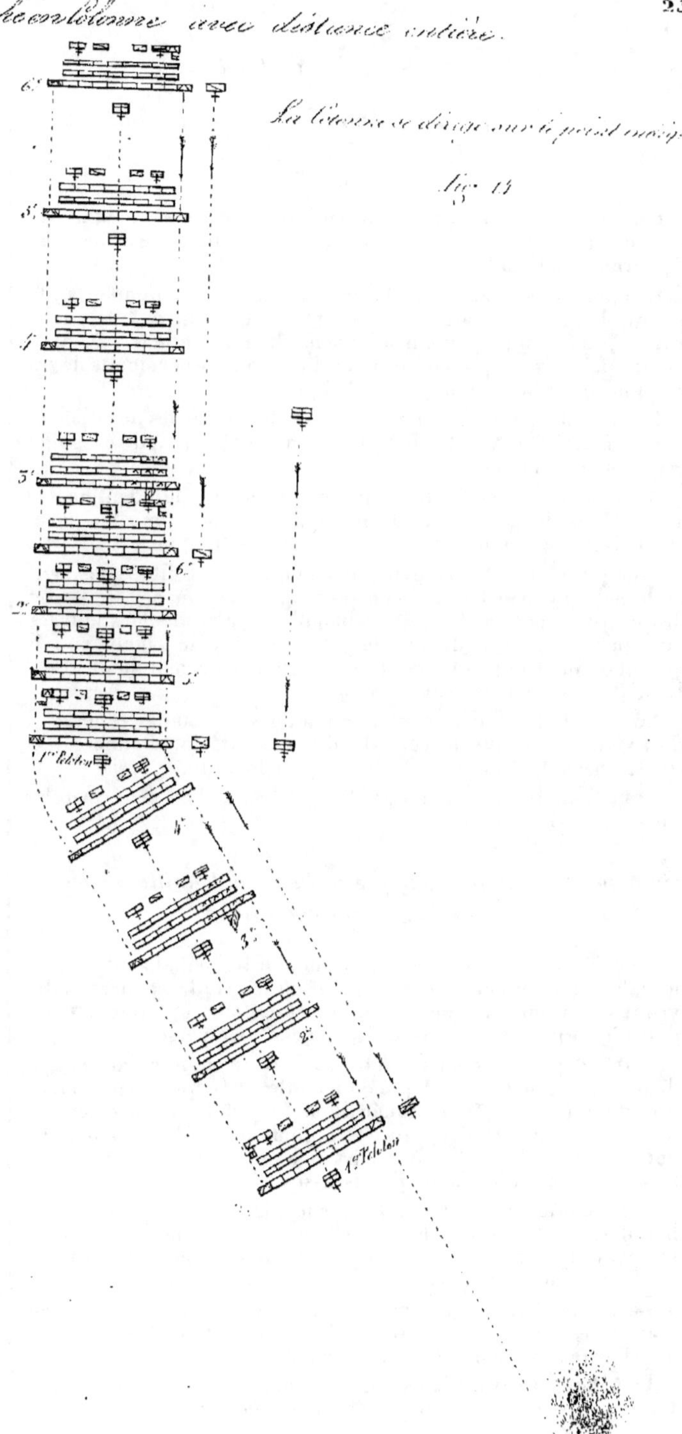
Marche en colonne avec distance entière.
La colonne se dirige sur le point indiqué
fig. 14
1er Peloton
1er Echelon
2e
3e
4e

5ᵉ PARTIE. — *Suite de l'article I.*

Colonne arrivant par-devant la ligne de bataille, la prolonger sur cette ligne.

La colonne arrivant, la droite en tête, par devant la ligne de bataille, devant la traverser et se prolonger sur cette ligne pour s'y former en bataille.

Le chef de bataillon fait placer d'avance deux jalonneurs, le 1er sur la ligne de bataille au point où la colonne devra la traverser, le second jalonneur à la même hauteur que le 1er, mais quatre pas plus loin pour déterminer l'endroit où la colonne devra tourner pour se prolonger sur la ligne

Le guide de gauche du 1er peloton se dirige sur les deux jalonneurs. Le chef de peloton fait tourner à gauche quand son guide est près du 2ᵉ jalonneur.

Au moment où le 1er peloton tourne à gauche, l'adjudant-major avertit le guide général de droite, qui quitte son rang, se porte sur la ligne de bataille et se prolonge sur cette ligne.

Tous les pelotons viennent tourner au même endroit. Au moment où le peloton où se trouve le porte-drapeau va tourner, le porte-drapeau se place sur la ligne de bataille, et marche dans la trace du guide général de droite ; le guide général de gauche en fait autant quand son peloton va tourner ; tous trois marchent exactement à hauteur de leur peloton.

Le chef de bataillon se place en dehors des guides généraux, doit veiller à ce que le côté de direction de la colonne soit à quatre pas et parallèlement à la ligne de bataille.

Les adjudans assurent les guides généraux dans leur marche sur la direction donnée.

Colonne arrivant par derrière la ligne de bataille, et devant se prolonger sur cette ligne.

Le chef de bataillon ayant déterminé la ligne de bataille, place un jalonneur sur cette ligne au point où les guides généraux devront s'y prolonger, un second du côté de la direction, à l'endoit où les pelotons devront commencer à converser.

Aussitôt que le 1er peloton a fait sa conversion, le guide général de droite se porte sur la ligne de bataille et se prolonge dans la direction qui lui a été indiquée ; tous les pelotons conversent au même endroit ; le drapeau et le guide général de gauche se portent sur la ligne lorsque leurs pelotons ont conversé, et s'y prolongent comme il a été dit ci-dessus.

Si la colonne arrivait par la même direction que la ligne de bataille, le chef ferait placer un jalonneur sur la ligne, et au moment où la colonne arriverait à hauteur de ce jalonneur, le chef de bataillon commanderait : . . . .

Le drapeau et les guides généraux se porteraient sur la ligne d'après les principes expliqués ci-dessus, ne se plaçant sur la ligne qu'à l'instant où leurs pelotons arrivent à hauteur du jalonneur.

La colonne arrivant la gauche en tête, ce mouvement s'exécuterait par les mêmes principes et les moyens inverses.

Colonne arrivant par devant la ligne de Bataille se prolongeant sur cette ligne.

Fig. 15.

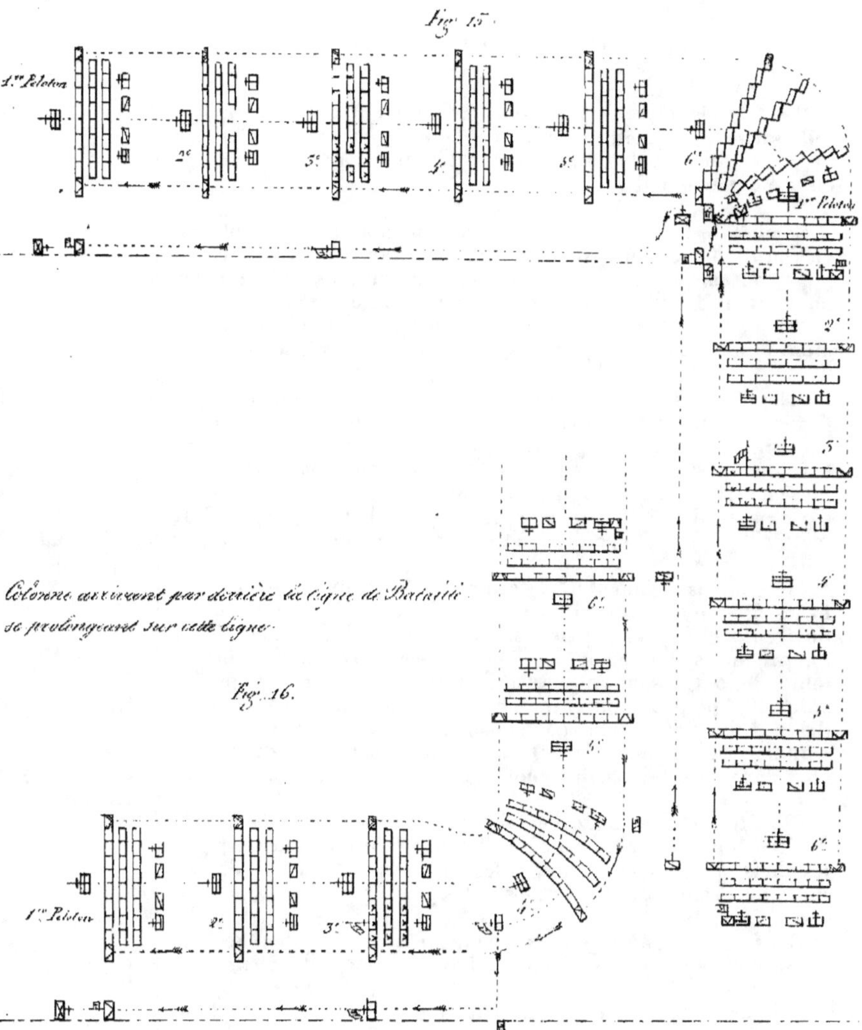

Colonne arrivant par derrière la ligne de Bataille se prolongeant sur cette ligne.

Fig. 16.

Colonne arrivant par la même direction que la ligne de Bataille, se prolongeant sur cette ligne.

Fig. 17.

3ᵉ PARTIE. — ARTICLE 2.

Colonne en route.

Il est de règle générale qu'une colonne en route, n'importe telle manœuvre qu'elle exécute, ne doit jamais tenir plus d'espace de la tête du 1ᵉʳ peloton à la queue du dernier qu'elle n'en occupe étant en bataille.

Le chef de bataillon fait ordinairement marcher une colonne en route par peloton ; quand il se présente un défilé trop étroit pour contenir le front d'un peloton, et qu'on puisse le traverser en mettant des files en arrière, il fait exécuter ce mouvement, ou bien avant d'y entrer, il fait rompre par section successivement à mesure que les pelotons arrivent, ou tous à la fois.

Si les sections étaient de dix files ou plus, et qu'elles ne puissent passer de front dans le défilé, le chef de bataillon ferait rompre les sections d'après les principes prescrits à l'École de peloton ; si les sections n'étaient pas fortes de dix hommes, on mettrait des files en arrière jusqu'à ce qu'il n'y ait plus que sept hommes de front ; si le défilé devient plus étroit, les chefs de section font mettre l'arme sur l'épaule droite et commandent : . . . .

1° *Pas cadencé,*
2° MARCHE.

Les sections prennent le pas cadencé ; les deux derniers rangs et les files en arrière serrent vivement à leur distance ordinaire du 1ᵉʳ rang ; alors on peut réduire le front de la subdivision à cinq hommes, non compris les chefs de subdivision qui, en colonne de route, sont toujours au 1ᵉʳ rang à la place du guide ; si le défilé ne peut plus contenir six hommes de front, le chef de bataillon fait marcher par le flanc ; aussitôt que le défilé peut contenir six hommes de front, si l'on était par demi-section, le chef de la 1ʳᵉ subdivision commande : . . . .

1° *Par demi-section*
en ligne.
2° MARCHE.

Chaque chef de subdivision fait le même commandement à l'endroit où le premier a été exécuté, et à mesure que la route s'élargit, les chefs font rentrer les files mises en arrière ; les chefs de peloton font reformer les sections et les pelotons.

Dans cette manœuvre, les changemens de direction se font sans commandement, seulement à l'avertissement des chefs.

Le chef de bataillon se tient à la tête de la colonne, règle le pas du 1ᵉʳ peloton et indique à son chef les mouvemens qu'il doit exécuter d'après la nature du terrain ; si l'on ne pouvait passer qu'un de front, le chef de bataillon ferait passer la 1ʳᵉ file, et ferait suivre les autres le plus rapidement possible ; si deux hommes pouvaient passer de front, les numéros impairs du 2ᵉ rang passeraient au 1ᵉʳ rang, et les numéros pairs de ce même rang au 3ᵉ.

Le chef de bataillon fait marcher la tête jusqu'à ce qu'il ait laissé entre elle et le défilé l'espace nécessaire pour contenir la colonne serrée en masse ; il l'arrête, fait prendre les distances par la tête, et la remet en marche assez tôt pour que la dernière subdivision ne soit pas arrêtée après avoir franchi le défilé.

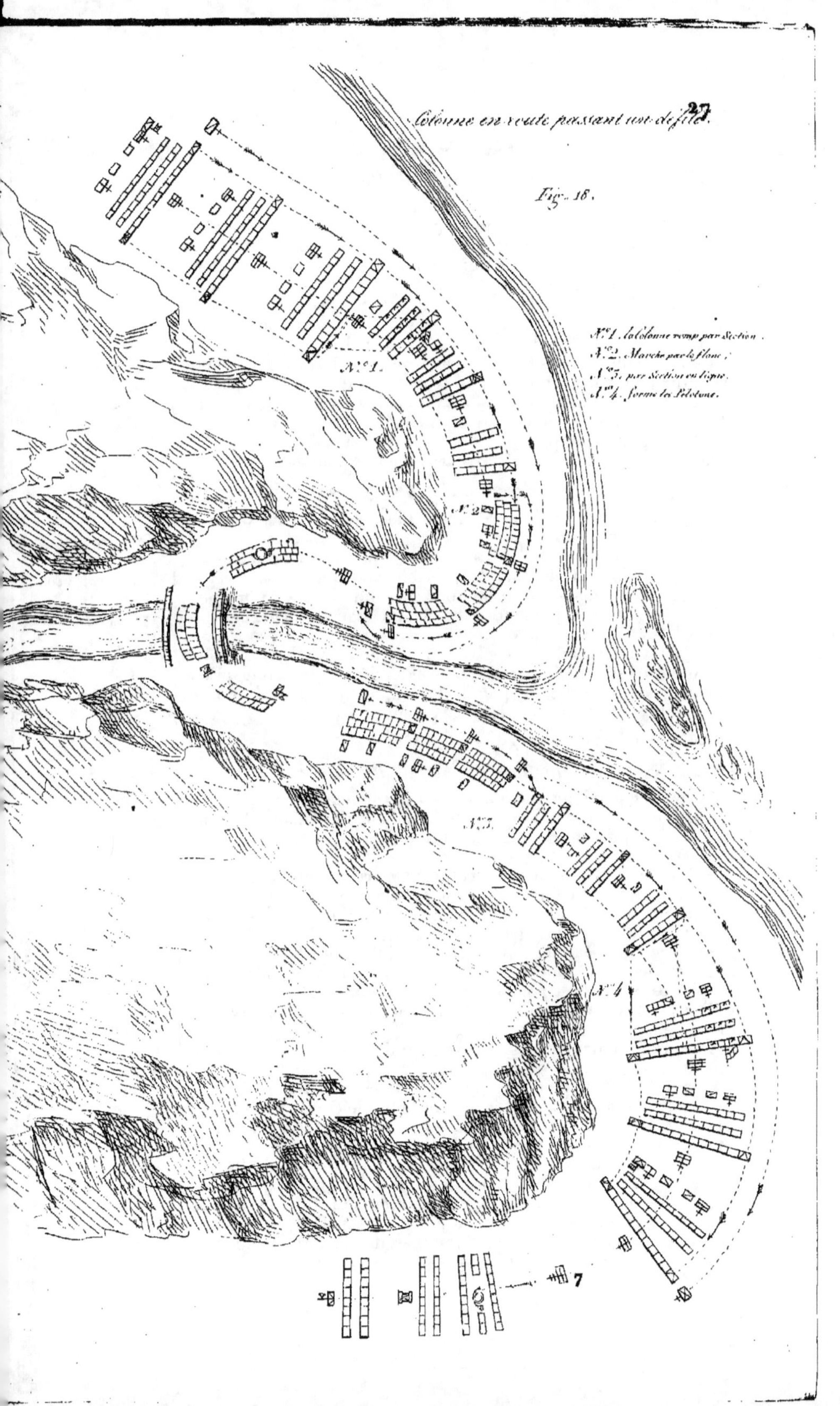
Colonne en route passant un défilé.
Fig. 18.
27
N.° 1. la Colonne romp par Section.
N.° 2. Marche par le flanc.
N.° 3. par Section en ligne.
N.° 4. forme les Pelotons.
N.° 1
N.° 2
N.° 3
N.° 4
7

5e. **PARTIE**. — ARTICLE 3.

Changement de direction avec distance entière du côté du guide.

La colonne étant en marche au pas cadencé, la droite en tête, le chef de bataillon voulant faire changer de direction, se porte au point où le mouvement doit commencer, y place un jalonneur présentant la poitrine au flanc de la colonne, de quelque côté qu'ait lieu le changement de direction. Les jalonneurs se placent du côté du guide. Le 1er peloton étant près d'arriver au jalonneur, le chef de bataillon commande : . . . .

Le guide du 1er peloton se dirige de manière à raser la poitrine du jalonneur ; quatre pas avant qu'il n'y soit, le chef de ce peloton commande : . . . . et fait le 2e commandement au moment où son guide touche au jalonneur ; chaque peloton vient tourner successivement à la même place que le premier, par les mêmes commandemens.

Changement de direction du côté opposé au guide.

Le chef de bataillon, après avoir placé le jalonneur du côté du guide, commande : . . . .

Le guide du 1er peloton se dirige sur le jalonneur ; quatre pas avant qu'il n'y soit, le chef de peloton commande : . . . . et fait le 2e commandement lorsque son guide rase le jalonneur.

Tous les autres pelotons font leur conversion au même endroit et par les mêmes commandemens.

Le chef de bataillon se place de manière à s'assurer que les guides ne se jettent ni en dedans ni en dehors du cercle qu'ils décrivent dans leur conversion ; les adjudans veillent à ce que les guides conservent bien leur direction.

ARTICLE 4.

Arrêter la colonne et l'aligner.

Le chef de bataillon voulant arrêter la colonne, commande : . .

Chaque chef de peloton répète vivement le commandement de HALTE ; les guides ne bougent plus, quand même ils n'auraient plus leur distance.

Si le chef de bataillon veut rectifier la direction des guides, il se porte en avant du guide de droite et commande à tel guide de rentrer ou de sortir, en le désignant par le numéro de son peloton ; les autres guides ne doivent pas bouger.

S'il veut donner une autre direction, il établit les deux premiers guides sur la ligne qu'il a déterminée, et commande : . . . .

Les autres guides se portent sur la direction des deux premiers guides, conservant entre eux la distance de l'étendue du front de leur peloton.

Le chef de bataillon, assuré de la position des guides, commande : . . . .

Chaque chef de peloton se porte à deux pas en dehors de son guide de gauche ; aligne son peloton parallèlement à celui qui précède ; assuré de l'alignement, commande : . . . . et se porte devant le centre de son peloton.

Le chef de bataillon peut également donner une nouvelle direction à la colonne en prenant pour base les guides généraux qu'il place dans la nouvelle ligne. L'adjudant-major assure les guides des premiers pelotons ; l'adjudant, les guides des derniers pelotons ; le chef de bataillon et les chefs de peloton font aligner par les commandemens et principes prescrits ci-dessus.

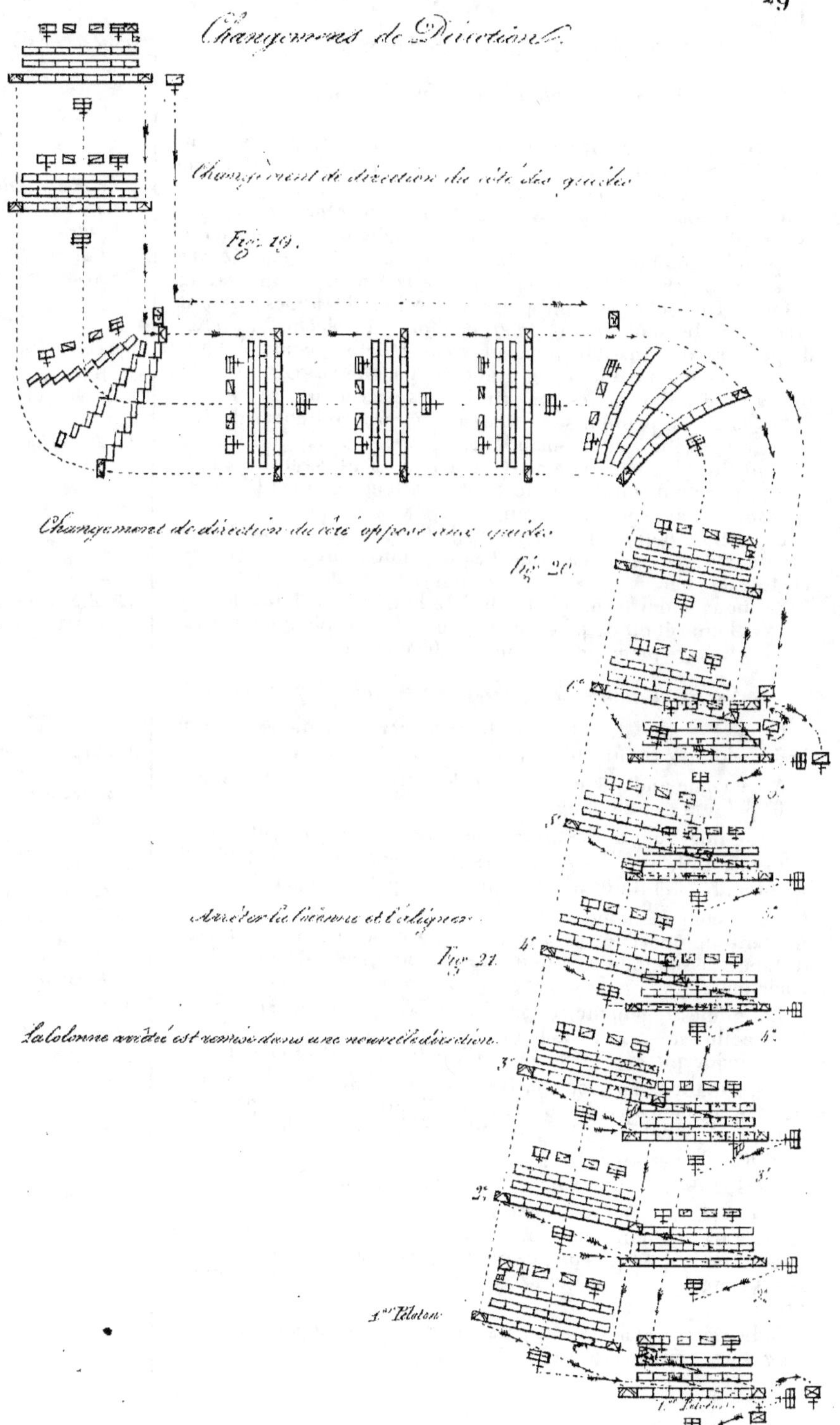

Changemens de Direction
Changement de direction du côté des guides
Fig. 19.
Changement de direction du côté opposé aux guides
Fig. 20.
Arrêter la colonne et l'aligner
Fig. 21.
La Colonne arrêtée est remise dans une nouvelle direction
1.er Peloton
1.er Peloton

3ᵉ PARTIE. — ARTICLE 5.

Serrer la colonne à demi-distance.

La colonne marchant par peloton à distance entière, la droite en tête, le chef de bataillon voulant la serrer à demi-distance sur le 1ᵉʳ peloton, commande : ....

Au 2ᵉ commandement, tous les chefs de peloton, excepté le 1ᵉʳ, répètent vivement le commandement de MARCHE ; le chef du 1ᵉʳ peloton commande : 1° *peloton*, 2° HALTE , 3° *à gauche* ALIGNEMENT. Les serre-files de ce peloton serrent à un pas du 1ᵉʳ rang.

Les autres pelotons continuent à marcher ; et à mesure qu'ils arrivent à distance de section du peloton qui précède , les chefs de peloton, désignant le numéro de leur peloton, commandent :

Au 2ᵉ commandement, les guides de gauche se portent sur la direction des guides des pelotons qui les précèdent.

Les chefs de peloton se portent à deux pas en dehors de leur guide de gauche , et commandent : ....

Font le 4ᵉ commandement quand ils sont assurés de l'aliment, et se portent devant le centre de leur peloton ; les serre-files serrent à un pas du 3ᵉ rang.

Le chef de bataillon se place sur le flanc de la colonne du côté des guides , et veille à ce que chaque peloton soit arrêté par son chef exactement à distance de section.

Le mouvement terminé, le chef de bataillon commande : ...

La colonne étant de pied ferme , on serre en colonne en masse par les mêmes principes et commandemens.

Serrer à demi-distance sur le sixième peloton.

Le chef de bataillon voulant faire serrer à demi-distance sur le 6ᵉ peloton, commande : ....

Au 2ᵉ commandement, tous les pelotons font demi-tour, excepté le 6ᵉ peloton qui ne bouge pas.

Les guides font demi-tour, mais restent au 1ᵉʳ rang devenu 3ᵉ.

Les chefs de peloton se portent à deux pas en dehors de la direction ; le chef du 6ᵉ peloton aligne son peloton à gauche.

Au 5ᵉ commandement, les pelotons qui ont fait demi-tour se mettent en marche, et à mesure que chaque peloton arrive à distance de section de celui qui le précède , le chef de peloton commande : ....

Les guides de gauche restent face en arrière pour se placer sur la direction des guides déjà établis , et sont assurés par l'adjudant-major qui s'est porté en arrière du guide du 6ᵉ peloton.

Les guides étant assurés, les chefs de peloton alignent leur peloton à gauche par les principes déjà prescrits , et reprennent leur place de colonne ; les serre-files, quand leur peloton arrête, serrent à un pas du 3ᵉ rang.

Le chef de bataillon voulant faire serrer en masse, commande :

Les chefs de peloton exécutent ce qui a été dit ci-dessus, seulement ils arrêtent leur peloton lorsque leurs guides sont à six pas du guide qui précède , ce qui met trois pas de distance entre le 1ᵉʳ rang du peloton qui arrive et le dernier rang du peloton arrêté.

Si la gauche était en tête , les mouvemens s'exécuteraient par les mêmes principes.

Serrer la Colonne à demi-distance
sur le 1er Peloton.

Fig. 22.

Serrer la Colonne à demi-distance
sur le dernier Peloton.

Fig. 23.

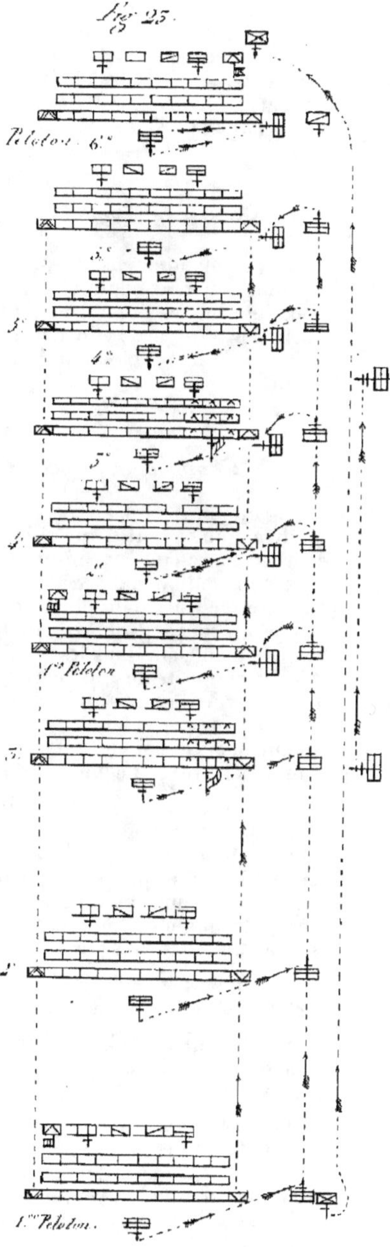

5ᵉ PARTIE. — ARTICLE 6.

Marche en colonne à demi-distance ou serrée en masse.

Pour arrêter ou mettre en marche une colonne à demi-distance ou serrée en masse, les commandemens et les principes pour le chef de bataillon et les chefs de peloton sont les mêmes que pour les pareils mouvemens de la colonne à distance de peloton, voyez page 22.

ARTICLE 7.

Changer de direction en colonne à demi-distance.

Les commandemens et principes sont les mêmes que pour la colonne à distance entière ; seulement dans les changemens de direction du côté opposé au guide, le pivot, dans chaque peloton, fait le pas d'un pied, afin de dégager plus tôt le point de conversion ; l'aile marchante décrit le quart de cercle un peu plus grand.

ARTICLE 8.

Changer de direction en colonne en masse.

La colonne serrée en masse étant en marche, les changemens de direction se font d'après les mêmes principes que les conversions en marchant à demi-distance, avec cette différence que le chef de bataillon fait prendre le guide du côté opposé à la direction, parce que, dans aucun cas, la colonne serrée en masse ne fait de tournez à gauche ou de tournez à droite ; ce qui mettrait trop de confusion dans les rangs qui se trouvent très-rapprochés. Ainsi, n'importe de quel côté que soit la direction, on exécute une conversion, ce qui nécessite de mettre le guide du côté opposé, ce que le chef de bataillon commande avant de faire commencer le mouvement; il place un jalonneur au point où il doit s'exécuter, et commande : . . . .

Chaque chef de peloton fait face à son peloton, le maintient entre ses deux guides ; le centre doit être un peu en arrière, et le peloton marche presque parallèlement au peloton qui le précède ; le guide placé au pivot ne gagne en avant que l'espace nécessaire pour converser entre son peloton et celui qui le précède ; le guide du côté de l'aile marchante doit tâcher de conserver toujours trois pas entre lui et le peloton qui est en avant.

L'adjudant-major placé à côté du guide de direction du 1ᵉʳ peloton doit diriger ce guide dans sa marche.

L'adjudant veille à ce que les autres guides se conforment exactement au mouvement, et rectifie les fautes qu'ils pourraient commettre.

Le chef de bataillon se place à l'endroit où se fait la conversion, et lorsqu'elle est sur le point d'être terminée, il commande : . . . et fait le 2ᵉ commandement au moment où le dernier peloton a terminé ; alors il fait reprendre aux guides le côté de la direction, s'ils ont été changés avant de commencer le mouvement.

Tous ces mouvemens s'exécuteraient par les mêmes principes si la colonne avait la gauche en tête ou était par divisions.

Marche en colonne serrée en masse.

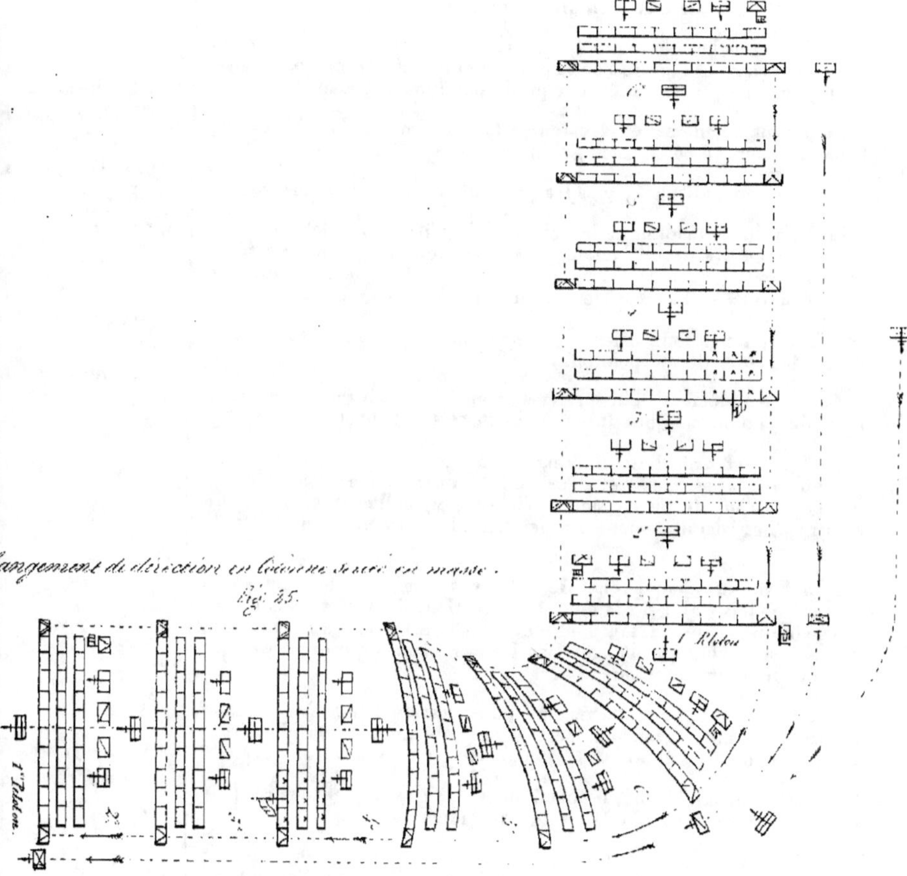

Changement de direction en colonne serrée en masse.

Fig. 25.

3e. PARTIE. — *Suite de l'article 8.*

Changer de direction de pied ferme.

La colonne étant de pied ferme serrée en masse par peloton, le chef de bataillon voulant faire changer de direction à droite, indique à l'adjudant major la direction qu'il veut donner.

L'adjudant-major établit sur la nouvelle direction deux jalonneurs un peu moins éloignés l'un de l'autre que l'étendue du front du 1er peloton ; ce qui étant exécuté, le chef de bataillon commande : . . . . . .

Au 2e commandement, la colonne fait à droite, chaque chef de peloton se porte à côté de son guide de droite.

Au 3e commandement, tous les pelotons se mettent en marche.

Le chef du 1er peloton ne bouge pas, laisse filer son peloton conduit par son guide de droite, qui le dirige de suite en tournant par file à gauche parallèlement aux deux jalonneurs ; et lorsque son guide de gauche arrive à sa hauteur, le chef de ce peloton commande : . . . . . .

Aligne son peloton sur les jalonneurs ; commande FIXE, et se porte devant le centre de son peloton.

Au commandement de fixe, les jalonneurs se retirent ; les autres chefs de peloton conduisent leur peloton vers la nouvelle direction.

Chaque chef maintient exactement son guide à six pas du guide du peloton qui le précède, et décrivant le quart de cercle qu'il a à parcourir d'autant plus grand qu'il est éloigné du 1er peloton, afin d'entrer bien parallèlement au peloton placé avant le sien dans la colonne.

A mesure que chaque chef de peloton arrive à hauteur du guide de gauche déjà établi sur la nouvelle direction, il s'arrête, laisse filer son peloton ; et quand son guide de gauche est arrivé à sa hauteur, il arrête son peloton et l'aligne par les commandemens prescrits pour le chef du premier peloton.

Si c'est à gauche que le changement de direction doit se faire, le chef de bataillon, après avoir indiqué à l'adjudant-major la nouvelle direction, les jalonneurs étant placés, commande : . . . .

Au 2e commandement, le bataillon fait à gauche ; chaque chef de peloton se porte à côté de son guide de gauche.

Au 3e commandement, les pelotons se mettent en marche ; le chef du 1er peloton conduit son peloton par file à gauche parallèlement aux deux jalonneurs ; arrivé à hauteur du 2e jalonneur, il arrête son peloton par les commandemens prescrits ci-dessus.

Les autres chefs de peloton les conduisent jusqu'à hauteur du guide de gauche du peloton qui précède, ils les arrêtent et les alignent comme ci-dessus, et se portent devant le centre de leur peloton.

Le chef de bataillon se place du côté de la direction, et veille à ce que les distances entre chaque peloton soient bien observées, et qu'ils entrent bien parallèlement à la nouvelle direction.

L'adjudant-major se place face au guide de la tête et assure les autres guides à mesure qu'ils arrivent ; l'adjudant suit le mouvement à hauteur du dernier peloton.

Changement de direction en tête ou serrée en masse

Colonne serrée en masse de pied ferme
changement de direction à droite

Fig. 26.

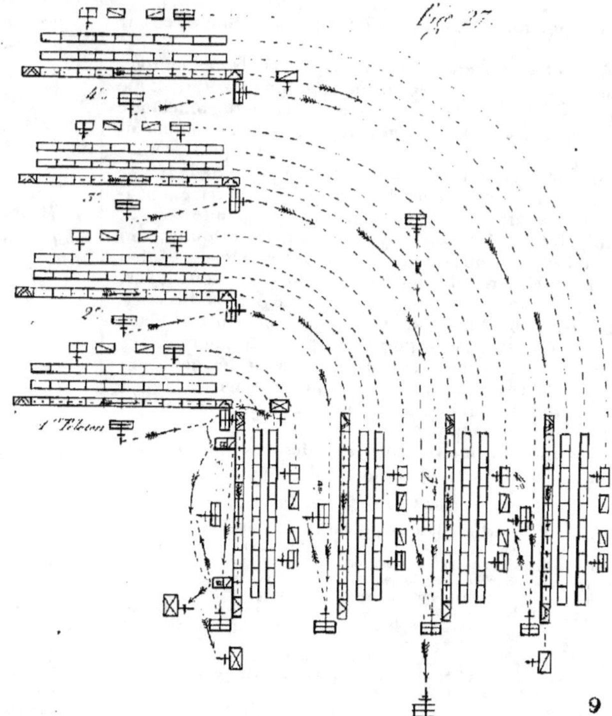

Colonne serrée en masse de pied ferme changeant de direction à gauche.

Fig. 27.

5e PARTIE. — ARTICLE 9.

Étant en colonne à demi-distance ou serrée en masse, prendre les distances.

On prend les distances par la tête de la colonne, quand la colonne doit se prolonger sur la ligne de bataille.

Le chef de bataillon ayant arrêté la colonne, commande : ....

Le chef du 1er peloton commande aussitôt : ....

Lorsque le chef du 2e peloton est près d'avoir sa distance, il commande : 1° *2e peloton en avant*, 2° *guide à gauche*, et quand il a exactement sa distance, il commande : 3° *pas accéléré*, MARCHE.

Les autres chefs de peloton font exécuter le même mouvement par les mêmes commandemens à mesure que le peloton qui précède leur donne leur distance entière. Le chef de bataillon veille à ce que chaque peloton ne se mette en marche qu'au moment juste où il a sa distance.

L'adjudant-major dirige la marche du 1er guide, l'adjudant se tient à hauteur du dernier et observe si les guides conservent bien la direction.

Prendre les distances sur la queue de la colonne.

On prend les distances sur la queue ou la tête de la colonne quand la colonne occupe le terrain sur lequel elle doit se mettre en bataille.

Si le dernier peloton est arrivé au point où doit être appuyé la gauche du bataillon en bataille, le chef de bataillon fait prendre les distances sur le dernier peloton ; il arrête le bataillon, établit deux jalonneurs sur la ligne de bataille, le 1er à hauteur du dernier peloton ; le 2e à distance de peloton du 1er jalonneur, du côté de la tête, tous deux faisant face en arrière. L'adjudant-major fait placer le guide général de droite sur le prolongement de la ligne des jalonneurs, au point où devra appuyer la droite du bataillon, ce qui étant exécuté, le chef de bataillon commande : ....

Tous les chefs de peloton se portent à deux pas en dehors de leur guide de gauche.

Le 4e commandement est vivement répété par les chefs de peloton, excepté le chef du 6e peloton qui l'avertit qu'il ne bouge pas ; il aligne son peloton à gauche sur le jalonneur placé à sa hauteur, commande *fixe*, et se porte devant le centre de son peloton ; au commandement de *fixe*, le guide de gauche prend la place du jalonneur qui se retire.

Tous les autres pelotons se sont mis en marche ; le guide de la tête se dirige un peu en dehors du guide général. Le 5e peloton, arrivé à hauteur du 2e jalonneur, est arrêté par son chef, qui commande : .....

Ayant aligné son peloton, il se reporte à sa place de colonne ; son guide de gauche prend la place du jalonneur qui se retire. Quand le chef du 4e peloton voit son peloton à distance entière du 5e peloton, il l'arrête, son guide de gauche fait face en arrière, se place dans la direction des guides déjà établis. Le chef de peloton aligne à gauche par les commandemens prescrits ci-dessus, et se porte à sa place de colonne.

Tous les autres chefs de peloton arrêtent leur peloton lorsqu'ils ont leur distance entière, d'après les principes et commandemens expliqués pour le chef du 5e peloton. Le chef de bataillon suit le mouvement, et quand il est terminé, il commande : ....

L'adjudant-major assure successivement les guides en se plaçant derrière eux. L'adjudant dirige la marche du guide du 1er peloton.

Prendre les distances par la tête de la colonne.

Le premier peloton se trouvant au point où doit appuyer la droite du bataillon.
Le chef de bataillon établit deux jalonneurs, le 1er à hauteur du 1er peloton ; le 2e à distance de peloton du 1er jalonneur du côté de la queue, il commande : ....
Au 2e commandement, tous les pelotons, excepté le 1er, font demi-tour ; les chefs se portent en dehors de leur guide de gauche ; l'adjudant-major fait placer le guide général de gauche au point où doit appuyer la gauche du bataillon. Au 5e commandement, les pelotons se mettent en marche ; les guides restent au 1er rang devenu 3e ; le 2e peloton est arrêté par son chef lorsqu'il est à hauteur du 2e jalonneur, il le fait remettre face en tête et l'aligne à gauche par les principes et commandemens ci-dessus prescrits. Lorsque le chef du 3e peloton voit son peloton à distance entière du 2e, il l'arrête, le remet face en tête et l'aligne. Les autres chefs de peloton exécutent ce qui vient d'être prescrit pour le chef du 2e peloton.

Colonne serrée en masse prendre les distances intérieur.

Par la tête de la Colonne prendre les distances.

Fig. 28.

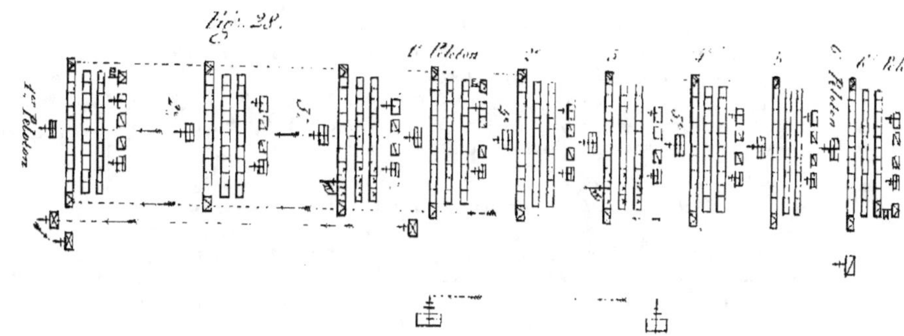

Prendre les distances sur la queue de la Colonne.

Fig. 29.

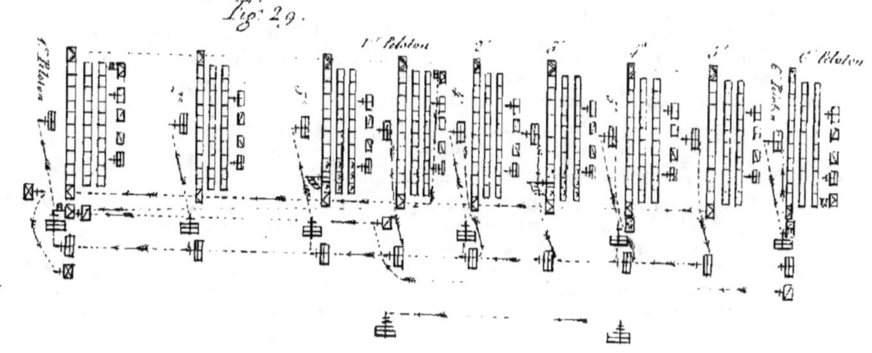

Prendre les distances sur la tête de la Colonne.

Fig. 30.

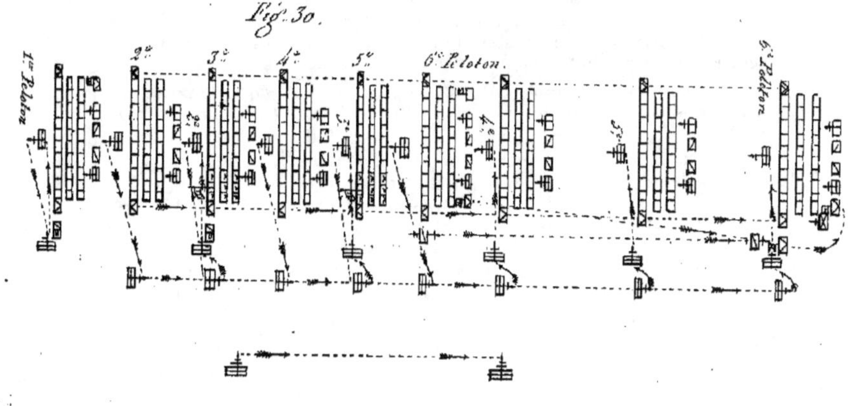

5ᵉ PARTIE. — ARTICLE 10.

COMMANDEMENS.

Contre-marche en colonne, à distance ou à demi-distance.

La colonne étant à distance de peloton, la droite en tête, pour faire exécuter la contre-marche, le chef de bataillon commande : ....

Cette manœuvre s'exécute, pour chaque chef de peloton, d'après les principes prescrits à l'école du peloton.

Si la gauche est en tête, le chef de bataillon commande : *Bataillon à gauche* et *par file à droite.* Le chef de bataillon se place sur le flanc, du côté de la direction, pour surveiller l'exécution.

1° *Contre-marche,*
2° *Bataillon* A DROITE
3° *Par file à gauche*
4° *Pas accéléré*,
MARCHE.

Contre-marche d'une colonne serrée en masse.

La colonne serrée en masse, ayant la droite en tête, le chef de bataillon commande : ....

Les chefs des pelotons impairs préviennent leur peloton qu'ils feront à droite.

Les chefs des pelotons pairs préviennent les leurs qu'ils feront à gauche.

Les chefs de peloton ayant prévenu leur peloton, le chef de bataillon commande : ....

1° *Contre-marche.*

Les pelotons impairs font à droite ; leurs chefs se portent à la droite de leur peloton, font déboîter en arrière les trois premières files de droite, et se placent à la gauche et à hauteur de l'homme du 1ᵉʳ rang.

Les chefs des pelotons pairs se portent à la gauche de leur peloton, font déboîter en arrière les trois dernières files de gauche, et se placent à la droite de l'homme de gauche du 1ᵉʳ rang.

2° *Bataillon* A DROITE
ET A GAUCHE.

Les guides de gauche et de droite de chaque peloton font demi-tour, et ne bougent plus que la contre-marche ne soit terminée.

Le chef de bataillon voyant les dispositions faites, commande : ...

Au 4ᵉ commandement, les chefs des pelotons impairs conversent par file à gauche autour de leur guide de droite, et conduisent leur peloton de manière à arriver à deux pas derrière leur guide de gauche ; lorsqu'ils sont à hauteur de ce guide, ils commandent : ....
se portent deux pas en dehors du guide, font le 4ᵉ commandement ; lorsqu'ils ont aligné, commandent FIXE, et se portent à leur place de colonne.

3° *Par file à gauche*
et par file à droite
4° MARCHE.

1° *Peloton,*
2° HALTE,
3° FRONT,
4° *A droite* ALIGNEMENT.

Les chefs des pelotons pairs font par file à droite, conduisent leur peloton en tournant autour de leur guide de gauche, et de manière à arriver à deux pas derrière leur guide de droite ; à hauteur de ce guide, ils arrêtent leur peloton par les commandemens ci-dessus ; se portent vivement en dehors du flanc droit, à deux pas de leur guide de gauche, et commandent *à droite* ALIGNEMENT.

Assurés de l'alignement, ils commandent FIXE, et se portent à leur place de colonne ; à ce dernier commandement, les guides reprennent leur place en passant devant le 1ᵉʳ rang.

Lorsque le mouvement est exécuté, l'adjudant-major se porte au dernier peloton devenu 1ᵉʳ, et l'adjudant au 1ᵉʳ peloton devenu dernier.

Si la colonne avait la gauche en tête, les commandemens et les principes seraient les mêmes, seulement on aligne à gauche, et ce sont les chefs des pelotons impairs qui, lorsqu'ils ont arrêté leur peloton, se portent vivement au flanc gauche pour aligner.

Les principes sont les mêmes pour une colonne par division : on applique aux divisions impaires et paires, ce qui a été dit pour ces mêmes pelotons dans la contre-marche par pelotons serrés en masse.

Contre-marche à distance entière.

Contre-marche.

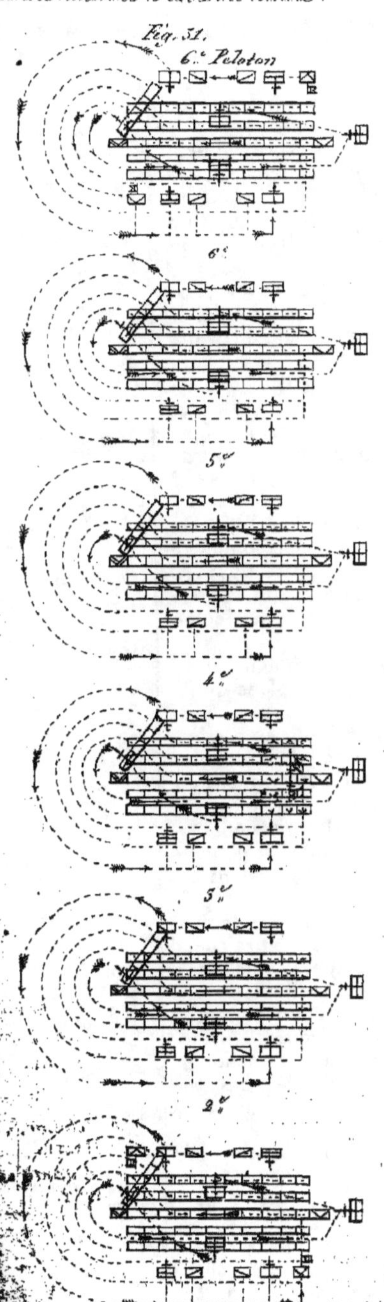

Contre-marche d'une colonne serrée en masse.

Fig. 32.

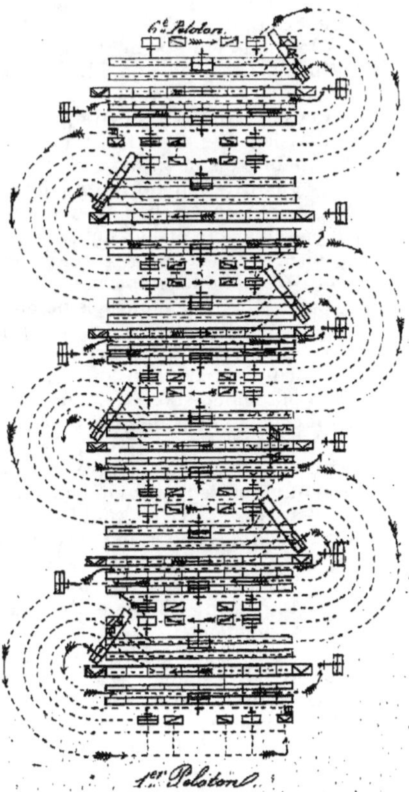

3ᵉ PARTIE. — ARTICLE 11.

Colonne par peloton serrée en masse, former la division (*).

La colonne étant serrée en masse de pied ferme, la droite en tête, le chef de bataillon commande : ....

Au 1ᵉʳ commandement, les chefs des pelotons pairs préviennent leur peloton qu'ils feront à gauche ; au 2ᵉ commandement, ces mêmes pelotons font à gauche ; leurs chefs se portent à côté de leur guide de gauche. Les pelotons impairs ne bougent pas ; les guides de ces pelotons jalonnent en se plaçant face à droite devant la file qui est à côté d'eux.

Au 3ᵉ commandement, les pelotons pairs se mettent en marche, conduits par leur guide de gauche. Chaque chef de peloton laisse filer son peloton, et quatre pas avant que son guide de droite n'arrive à sa hauteur, il commande : ....
et aussitôt que le guide est près de lui, il fait les deux commandemens de : ....

Au 3ᵉ commandement, le guide de gauche se porte sur la ligne du peloton qui le précède, au point où doit appuyer la gauche de son peloton, fait face à droite et s'aligne sur les deux guides qui jalonnent le peloton impair qui était devant lui.

Chaque chef de peloton pair se porte à gauche de l'homme du 1ᵉʳ rang du peloton qui le précède, et voyant son guide de gauche établi, il commande : ....

Assuré de l'alignement, il commande FIXE, et reste dans le créneau. Le chef de bataillon voyant les pelotons alignés, commande : ....

Les chefs des pelotons impairs prennent le commandement de la division. Les chefs des pelotons pairs restent à la place qu'ils occupent dans le créneau.

Le guide de gauche du 1ᵉʳ peloton rentre en serre-file en passant par le créneau du chef du peloton pair qui, à cet effet, déboîte un pas en avant, et son sous-officier de remplacement un pas en arrière, pour laisser le passage au guide de gauche. Les guides de droite des pelotons impairs sont guides de droite des divisions.

Les guides de gauche des pelotons pairs sont guides de gauche des divisions, et les guides de droite de ces pelotons restent au 3ᵉ rang derrière leur chef de peloton.

Pour former les divisions, la colonne étant à distance de peloton ou demi-distance, le chef de bataillon fait les mêmes commandemens, mais les chefs des pelotons pairs, après avoir laissé filer leur peloton et l'avoir arrêté comme il a été dit ci-dessus, se portent devant le centre de leur peloton et commandent : et conduisent leur peloton en avant. Le guide de droite se dirige de manière à arriver contre l'homme de gauche du peloton impair dont les guides ont exécuté ce qui a été expliqué ci-dessus. Le chef de peloton voyant son guide de droite près du 3ᵉ rang du peloton impair, commande : ....
se porte près de l'homme de gauche du 1ᵉʳ rang du peloton impair commande : ....
et FIXE quand son peloton est aligné.

Le chef de bataillon ayant commandé *guides à vos places*, les guides reprennent leur place comme il a été dit ci-dessus.

La colonne ayant la gauche en tête, ce mouvement s'exécute par les moyens inverses. Les chefs des pelotons impairs font ce qui a été prescrit pour les chefs des pelotons pairs, et réciproquement. Les guides qui jalonnent font face à gauche.

(*) Voir ce qui a été dit à la page 4.

Former les Divisions.

Colonne à Distance de Peloton formant les divisions —

Fig. 35.

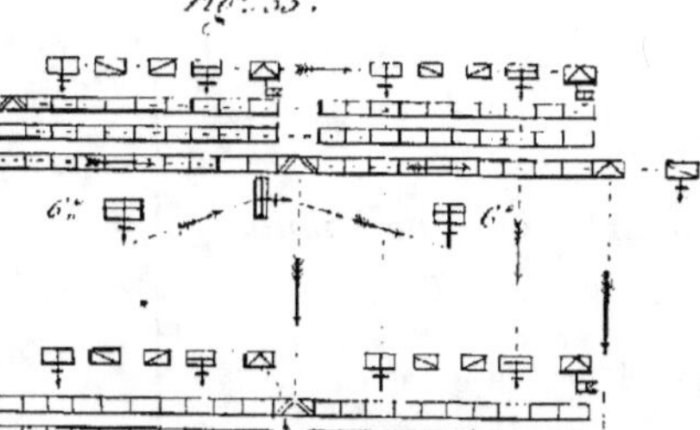

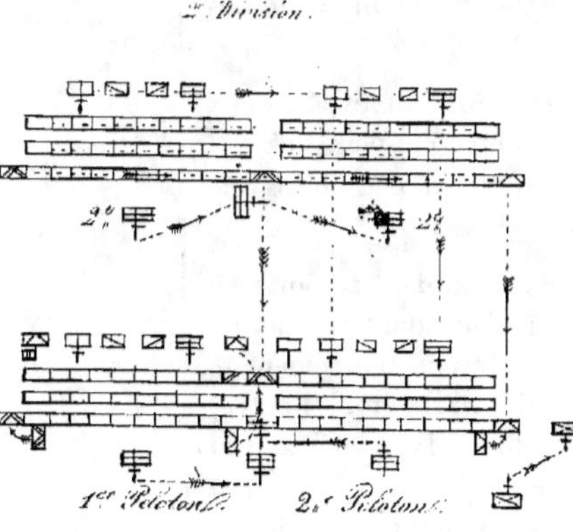

Colonne serrée en masse formant les divisions.

Fig. 34.

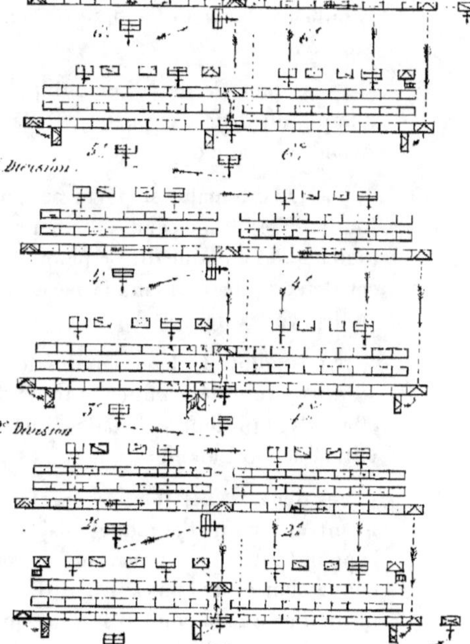

4ᵉ PARTIE.

DIVERSES MANIÈRES DE PASSER DE L'ORDRE EN COLONNE A L'ORDRE
EN BATAILLE.

ARTICLE 1ᵉʳ.

Différentes manières de déterminer la ligne de bataille.

On détermine la ligne de bataille de trois manières :

1º En plaçant deux jalonneurs dans la direction que l'on veut donner à la ligne de bataille.

Le chef de bataillon indique à l'adjudant-major la direction.

L'adjudant-major y place deux jalonneurs à distance l'un de l'autre de l'étendue à peu près du front du bataillon ; ces deux jalonneurs forment la base de l'alignement général, voyez figure 35.

2º Le chef de bataillon indique à l'adjudant-major le point d'appui où il doit se porter, et le point de direction qu'il doit prendre à l'aile opposée.

L'adjudant-major se porte au point d'appui, y place un jalonneur, et un second jalonneur éloigné du premier d'un peu moins que l'étendue du 1ᵉʳ peloton, et dans la direction indiquée; ces deux guides forment la base qui détermine la ligne de bataille, voyez figure 36.

3º Les points de direction des deux ailes étant donnés, les deux adjudans vont déterminer la ligne droite entre ces points ; à cet effet, ils se placent à distance l'un de l'autre un peu moins que l'étendue du bataillon.

Les deux points donnés étant A et B, l'adjudant se porte en avant, et lorsque l'adjudant-major voit que l'adjudant lui masque le point A, il se met en marche, et tous deux font un mouvement de conversion en conservant la distance qu'ils ont de l'un à l'autre, jusqu'à ce que le point B soit masqué par l'adjudant-major, et le point A par l'adjudant; alors ils s'arrêtent tous deux, font face l'un à l'autre, et s'alignent entre eux et les points donnés; ils déterminent par ce moyen les points intermédiaires qui doivent former la ligne de bataille entre les deux points donnés.

Assurés dans cette position, ils mettent à leur place deux jalonneurs qui servent de base à l'alignement général, voyez figure 37.

Différentes manières de former la ligne de Bataille.
Fig. 55.
1re manière
Fig. 56.
2e manière
Fig. 57
3e manière
A
B
43

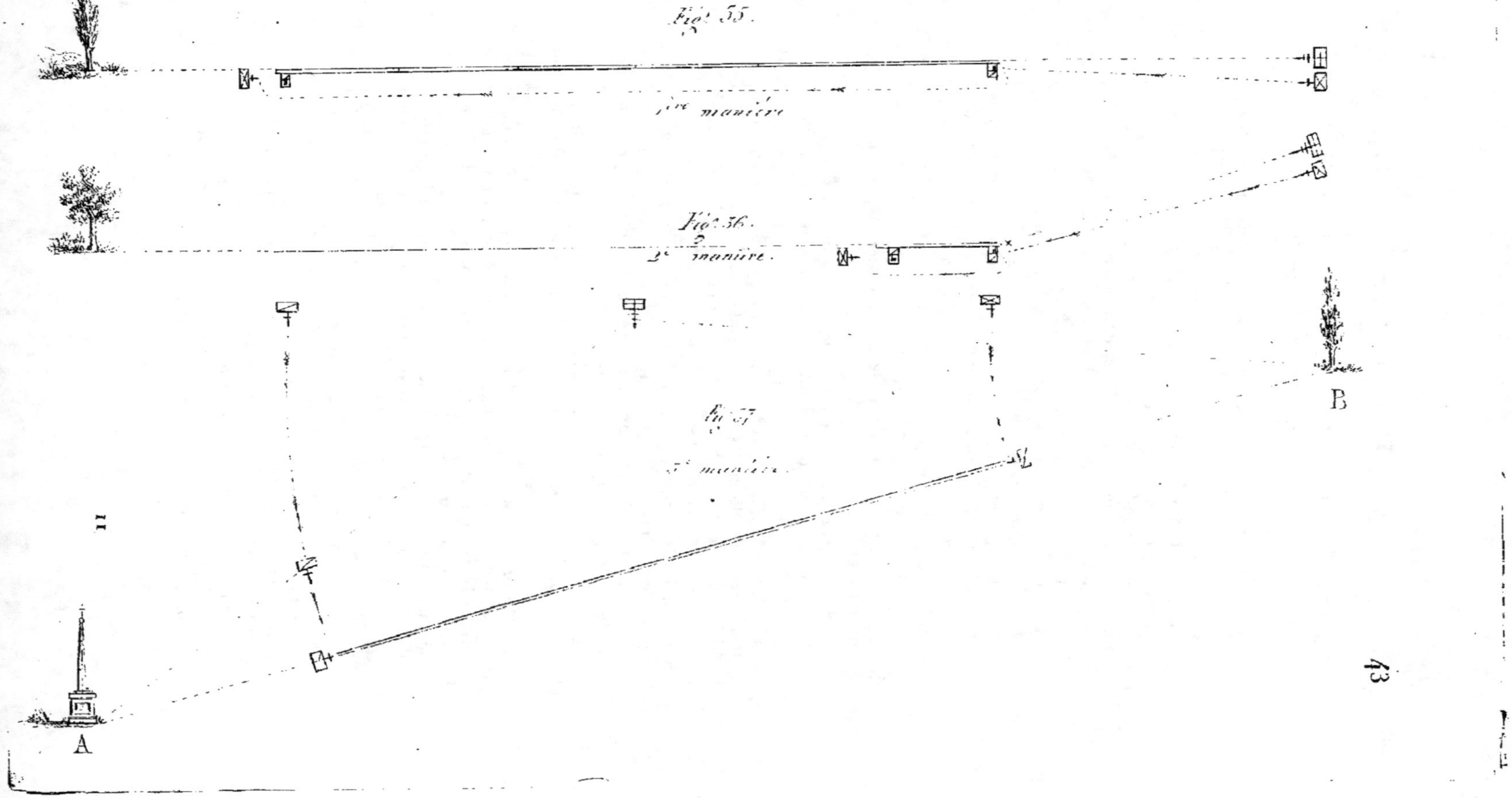

4ᵉ PARTIE. — ARTICLE 2.

Différentes manières de former la colonne à distance entière sur la ligne de bataille.

1° A gauche en bataille. La colonne étant arrêtée, la droite en tête, le chef de bataillon, après avoir assuré la position des guides d'après les principes prescrits page 28, commande : ....

1° A gauche en bataille.

Le guide de droite se porte vivement en avant de son peloton, sur la direction des guides de gauche, y fait face, et se place de manière à correspondre à une des trois files de droite de son peloton lorsqu'il sera en bataille. Il est assuré dans sa position par l'adjudant-major ; le chef de bataillon commande ensuite : ....

2° Pas accéléré, MARCHE.

Chaque chef de peloton répète vivement le commandement de MARCHE ; l'homme de gauche du 1ᵉʳ rang, dans chaque peloton, fait à gauche ; le guide de gauche ne bouge pas.

Chaque chef de peloton fait face à son peloton, et fait converser à gauche. Lorsque l'aile marchante est à trois pas de la ligne de bataille, il commande : ....

se porte à côté de l'homme de gauche du 1ᵉʳ rang du peloton qui est à sa droite et fait le 3ᵉ commandement de : ....

1° Peloton,
2° HALTE,
3° A droite ALIGNEMENT.

aligne son peloton sur l'homme de gauche de son peloton, et commande FIXE.

Les serre-files se placent à deux pas du 3ᵉ rang et s'alignent entre eux ; tous les pelotons étant alignés, le chef de bataillon commande : ....

Guides, A VOS PLACES.

Les chefs de peloton déboîtent un pas en avant, se placent devant la 1ʳᵉ file de leur peloton, et les sous-officiers de remplacement derrière cette file pour laisser passer par leur créneau les guides de gauche, qui se reportent en serre file à leur place de bataille.

Si la gauche était en tête, le chef de bataillon commanderait : La formation se ferait par les mêmes principes et les moyens inverses ; les pelotons conversent à droite ; les chefs de peloton commandent *à gauche* ALIGNEMENT.

1° A droite en bataille.

Le guide de gauche du dernier peloton se porte sur la direction des guides de droite au point où doit arriver l'aile gauche de son peloton.

On se forme à gauche en bataille par division par les mêmes principes, mais au commandement de HALTE des chefs de division ; les guides de gauche des pelotons impairs se portent sur la ligne de bataille au point où doit appuyer une des trois files de gauche de leur peloton ; il en est de même pour les guides de droite des pelotons pairs si l'on avait la gauche en tête. La droite étant en tête, le chef de bataillon voulant former à droite en bataille, commande : ....

1° Par inversion à droite en bataille,
2° Bataillon, guides à droite,
3° Pas accéléré, MARCHE.

Au 1ᵉʳ commandement, l'adjudant-major se place devant le guide de droite du 1ᵉʳ peloton, rectifie la position des autres guides et assure le guide de gauche du 1ᵉʳ peloton qui s'est porté sur la direction des guides de droite. La colonne se forme à droite d'après les principes prescrits ci-dessus.

La colonne ayant la gauche en tête se forme également par inversion à gauche, mais ces deux cas sont rares et ne doivent être employés que lorsque l'on ne peut faire autrement.

Se former à quatre en Bataille.

Fig. 58.

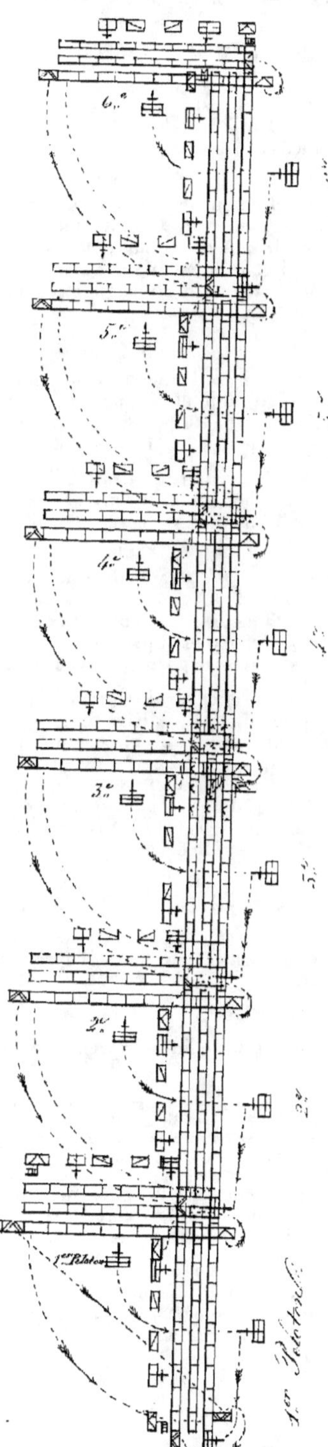

4e. **PARTIE**. — *Suite de l'article 2.*

Colonne à distance entière sur la droite en bataille.

La colonne étant par peloton à distance entière, la droite en tête, le chef de bataillon indique à l'adjudant-major le point où il veut appuyer la droite du bataillon, et le point de direction de la gauche de la ligne de bataille.

L'adjudant-major place un jalonneur au point où doit appuyer l'homme de droite du 1er rang du 1er peloton, un 2e jalonneur au point où doit appuyer la gauche de ce même peloton, tous deux placés de manière à présenter l'épaule droite au bataillon, et assez éloignés de la direction pour que chaque guide ait au moins dix pas à faire pour arriver sur la ligne quand il aura tourné.

Ce qui étant exécuté, le chef de bataillon commande : . . . .

1o *Sur la droite en bataille,*

2o *Bataillon, guide à droite.*

La direction se prend à droite. Le guide de droite du 1er peloton marche droit devant lui jusqu'au point où il doit tourner à droite ; les autres guides marchent dans la trace du premier. Lorsque le 1er guide est arrivé à hauteur du 1er jalonneur, le chef du 1er peloton commande :

1o *Tournez à droite*

2o MARCHE.

Au 2e commandement, le peloton tourne à droite ; le guide de droite se dirige de manière à ce que l'homme de droite arrive sur le 1er jalonneur ; trois pas avant que le peloton ne soit sur la ligne, son chef commande : . . . .

3o *Peloton,*

4o HALTE,

Le chef de peloton se porte à la droite de son peloton et commande : . . . . aligne son peloton sur les jalonneurs, commande FIXE, et reste à la droite du 1er rang. Le sous-officier de remplacement se porte derrière lui au 3e rang, et le guide de gauche se porte à sa place de bataille.

5o *A droite* ALIGNE-MENT.

Le 2e peloton a continué à marcher droit devant lui ; arrivé à hauteur du flanc gauche du 1er peloton qui se dirige sur la ligne de bataille, le chef du second peloton fait tourner à droite par les principes et commandemens expliqués ci-dessus ; son guide de droite se dirige de manière à arriver contre l'homme de gauche du 1er peloton ; trois pas avant qu'il n'y soit arrivé, le chef du 2e peloton commande : 3o *Peloton,* 4o HALTE ; se porte près de l'homme de gauche du 1er rang du 1er peloton, et aligne à droite comme il a été expliqué.

Au commandement de *halte,* le guide de gauche se porte sur la ligne de bataille au point où doit appuyer l'aile gauche de son peloton, fait face aux guides déjà établis.

Les autres pelotons se forment successivement d'après les principes prescrits pour le 2e peloton.

Lorsque la formation est terminée, le chef de bataillon commande :

Guides, A VOS PLACES.

Les jalonneurs se retirent, et les guides reprennent leur place de bataille.

Le chef de bataillon parcourt la ligne pour surveiller la formation.

L'adjudant-major assure la position des guides, à mesure qu'ils se portent sur la ligne de bataille.

Chaque chef de peloton ne commande l'alignement que quand son guide a été assuré, et ne commande l'arme *au bras* que lorsque le chef du peloton qui arrive après lui a commandé FIXE.

Une colonne, la gauche en tête, se forme sur la gauche en bataille par les mêmes principes. Les chefs de peloton alignent à gauche et restent de ce côté jusqu'au commandement de *guides à vos places,* où ils se reportent à la droite de leur peloton.

Le passage sur la droite en Bataille.

Fig. 59.

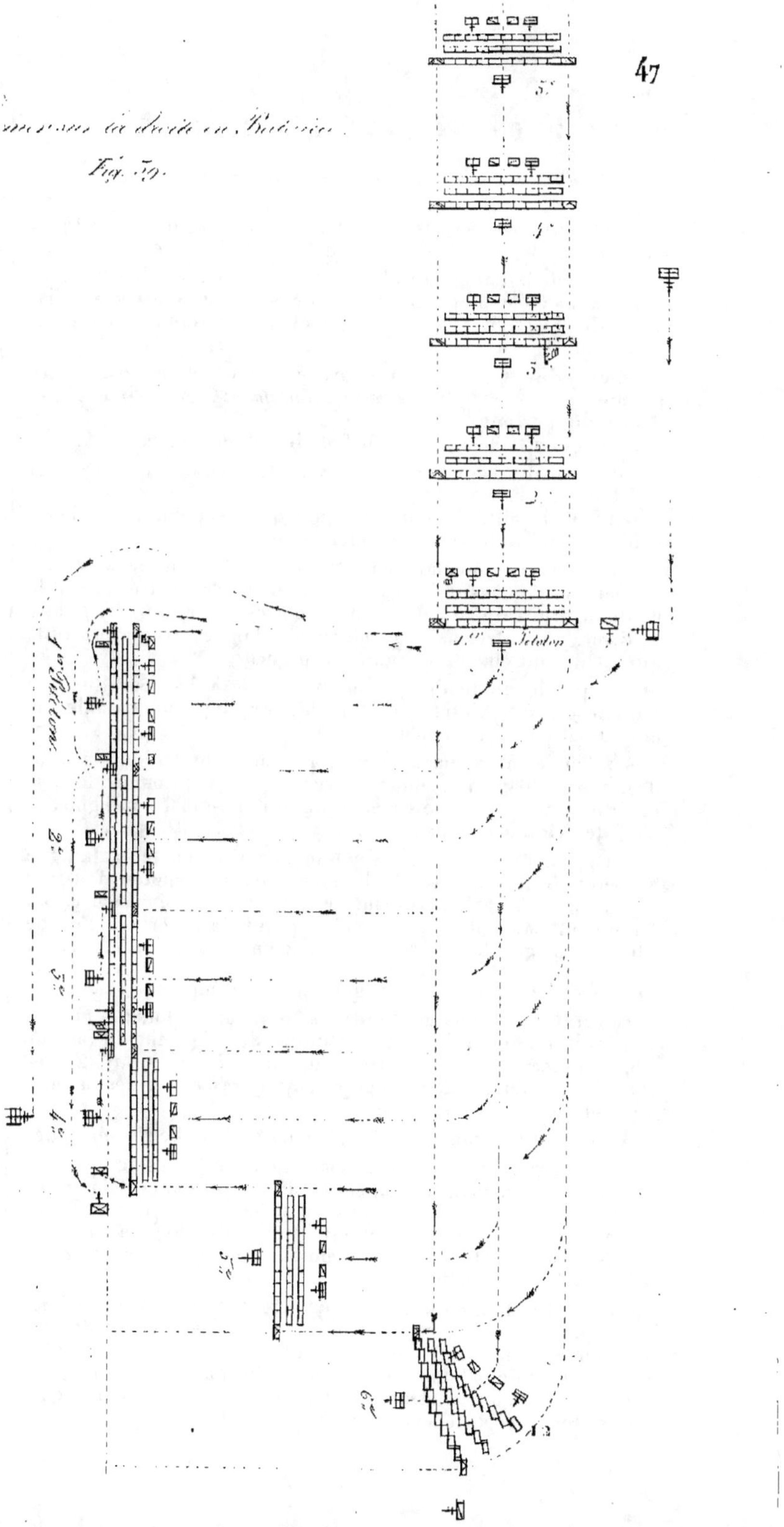

4e. PARTIE. — *Suite de l'article 2.*

Colonne à distance entière en avant en bataille.

La colonne par peloton à distance entière, la droite en tête, arrivant par derrière la droite de la ligne de bataille.

Le chef de bataillon fait placer deux jalonneurs sur cette ligne, comme il a été expliqué page 42. La colonne étant arrivée à distance de peloton des jalonneurs, le chef de bataillon l'arrête et commande : . . . .

Le chef du 1er peloton fait avancer son peloton contre les jalonneurs, commande *à droite alignement*, et se place à la droite du 1er rang.

Ce qui étant exécuté, le chef de bataillon commande : . . . . .

Au troisième commandement, tous les pelotons conversent à pivot fixe.

Lorsque le chef de bataillon juge que les pelotons ont assez conversé, il fait le 5e commandement de : . . . .

A ce dernier commandement, les pelotons cessent de converser et marchent en avant dans la direction où ils se trouvent ; le guide de droite du 1er peloton marche droit devant lui ; les guides de droite des autres pelotons marchent dans la trace de la file qui est devant eux du peloton qui précède.

Lorsque le guide du 2e peloton arrive à hauteur du flanc gauche du 1er peloton déjà établi sur la ligne de bataille, le chef du 2e peloton commande : . . . .

Au deuxième commandement, le guide de droite tourne à droite et se dirige de manière à arriver près de l'homme de gauche du 1er peloton ; trois pas avant qu'il ne soit sur la ligne, le chef de peloton commande : . . . .

Au 4e commandement, le guide de gauche se porte sur la ligne au point où doit appuyer l'aile gauche de son peloton, fait face aux jalonneurs, et s'aligne sur eux ; lorsqu'il a été assuré par l'adjudant-major, le chef de peloton, qui s'est porté à côté de l'homme de gauche du 1er peloton, commande : . . . .

et quand il est assuré de l'alignement, il commande : . . . .

Les autres pelotons continuent à marcher, et lorsque chaque chef voit son guide de droite à hauteur de la gauche du peloton qui le précède, il fait tourner à droite et l'établit sur la ligne d'après les commandemens et principes prescrits ci-dessus pour le chef du 2e peloton.

La formation étant terminée, le chef de bataillon commande :

Chaque guide se porte à sa place de bataille, comme il a été expliqué ; si un obstacle empêchait un ou plusieurs pelotons de marcher de front, il marcherait par le flanc et se remettrait en ligne aussitôt que la place le permettrait. Le chef de bataillon suit le mouvement de chaque peloton à mesure qu'il se forme sur la ligne de bataille.

La gauche étant en tête, le mouvement se fait par les mêmes principes et les commandemens inverses. Le chef du dernier peloton se porte sur la ligne des jalonneurs, et aligne à gauche. Chaque chef de peloton suit le même principe ; la formation terminée, au commandement de *guides à vos places*, chaque chef de peloton se reporte à la droite de son peloton.

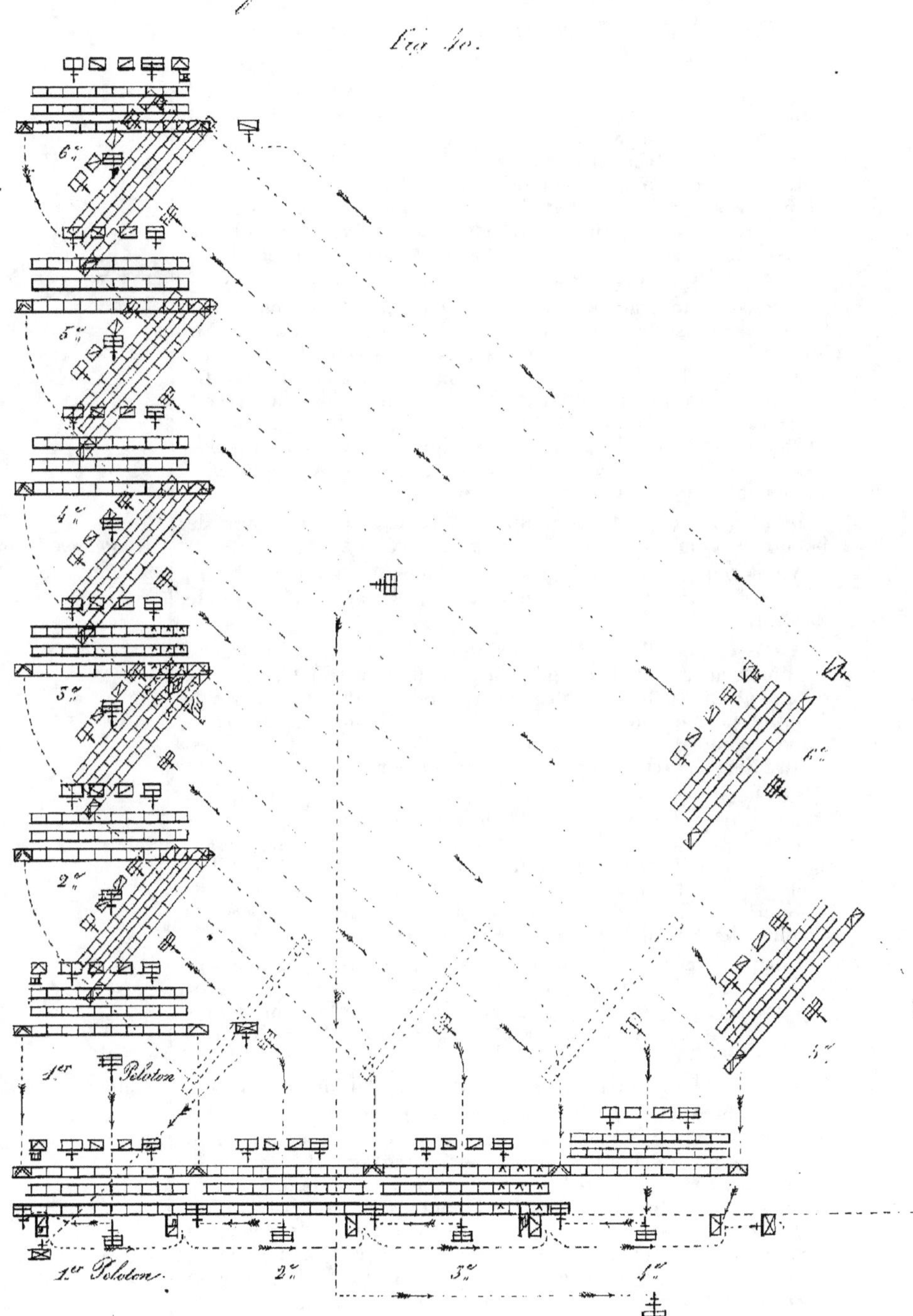

Se former en avant en Bataille.
Fig 40.
6e
5e
4e
3e
2e
6e
5e
1er Peloton
1er Peloton
2e
3e
4e

4ᵉ. **PARTIE**. — *Suite de l'article 2.*

Colonne à distance entière faisant face en arrière en bataille.

La colonne, à distance de peloton, la droite en tête , arrivant par-devant la ligne de bataille , le chef de bataillon voulant former le bataillon face en arrière en bataille indique à l'adjudant-major la direction qu'il a choisie. L'adjudant-major place deux jalonneurs sur la ligne de bataille, un peu moins éloignés l'un de l'autre que l'étendue du front du 1ᵉʳ peloton ; lorsque la colonne est arrivée à distance de peloton des jalonneurs , le chef de bataillon l'arrête et commande : ....

A ce commandement, le chef du 1ᵉʳ peloton commande : Par le flanc droit ; se porte près de son guide de droite, converse par file à gauche , traverse la ligne de bataille derrière le 2ᵉ. jalonneur ; lorsqu'il l'a dépassé de trois pas , converse encore par file à gauche , marche parallèlement à la ligne de bataille. Arrivé derrière le 1ᵉʳ jalonneur, il commande : 1° *Peloton*, 2° HALTE, 3° FRONT ; se porte au point où doit appuyer la droite du bataillon , et commande *à droite* ALIGNEMENT ; il aligne son peloton sur les jalonneurs, et commande FIXE.

Le 1ᵉʳ peloton étant assuré sur la ligne de bataille, le chef de bataillon commande : ....

Au 2ᵉ commandement, tous les pelotons qui sont restés dans la colonne font à droite ; les chefs se portent près de leur guide de droite.

Au 3ᵉ commandement, les pelotons se mettent en marche , conduits par leur chef. Le guide de gauche du 2ᵉ peloton se porte vivement , par la ligne la plus courte , pour jalonner la ligne de bataille, fait face aux jalonneurs et se place de manière à correspondre à une des trois files de gauche de son peloton ; il est assuré dans la direction par l'adjudant-major.

Le chef du 2ᵉ peloton se dirige sur son guide de gauche, traverse la ligne derrière ce guide, la dépasse de trois pas , tourne par file à gauche, se dirigeant parallèlement à la ligne de bataille ; lorsqu'il arrive à hauteur de la gauche du peloton déjà établi sur la ligne, il arrête son peloton , se porte près de l'homme de gauche du 1ᵉʳ peloton, et aligne à droite d'après les commandemens prescrits par le chef du 1ᵉʳ peloton.

Chaque chef de peloton exécute ce mouvement en se dirigeant sur son guide de gauche, qui doit toujours se détacher pour aller jalonner la ligne, quinze pas au moins avant que le peloton n'arrive sur cette ligne , et se place à distance de peloton du guide qui le précède.

La formation étant achevée , le chef de bataillon commande :

La gauche étant en tête , le mouvement s'exécute dans les mêmes principes et les commandemens inverses. Le bataillon fait à gauche , les chefs de peloton se portent près de leur guide de gauche ; le dernier peloton exécute ce qui a été dit pour le 1ᵉʳ peloton ; seulement, ayant fait à gauche, il converse par file à droite, arrive derrière le 1ᵉʳ jalonneur : il arrête son peloton comme il a été dit , et aligne à gauche ; chaque chef de peloton suit ce principe , et tous se reportent à la droite de leur peloton au commandement de *guides à vos places.*

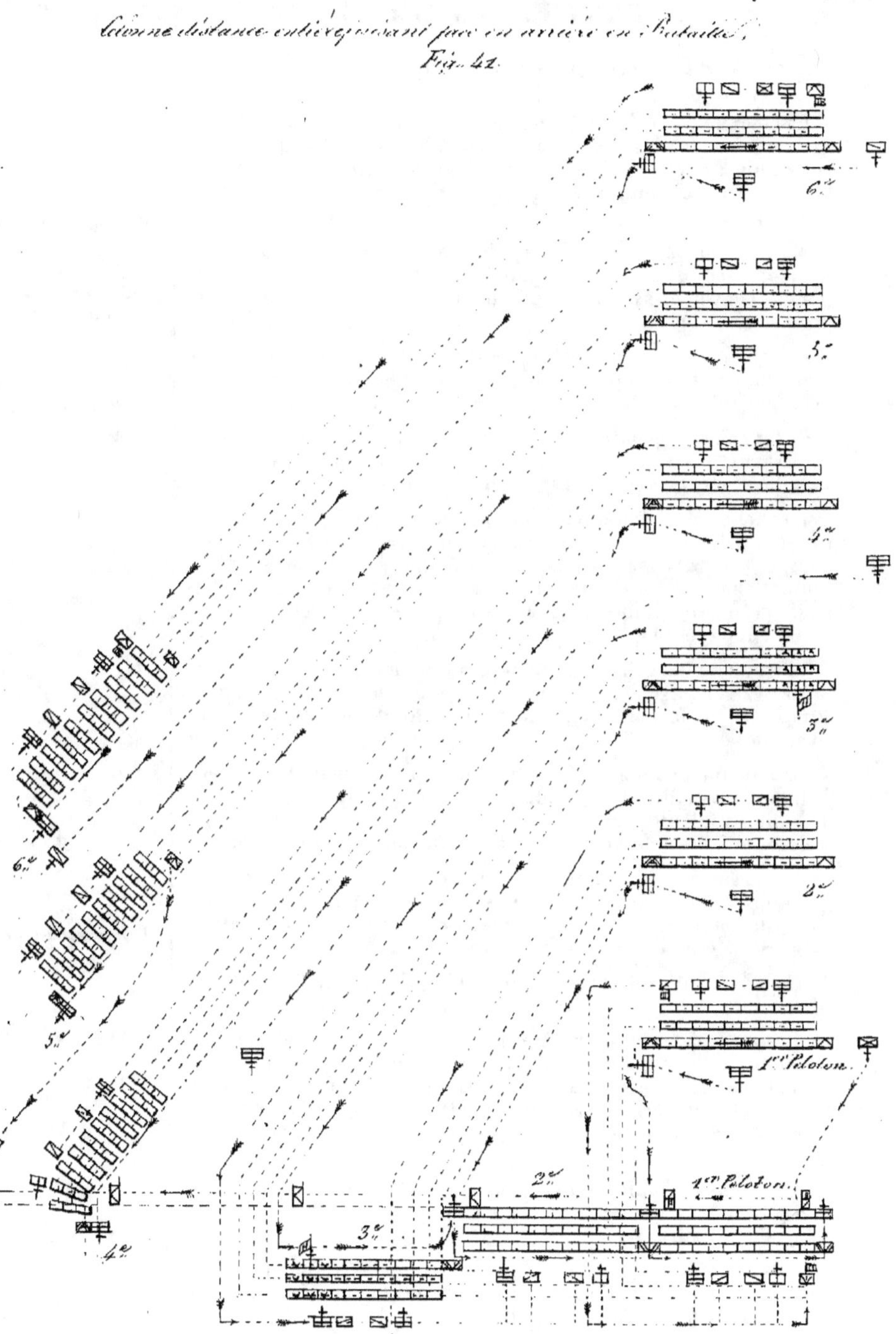
Colonne à distance entière prenant face en arrière en Bataille.
Fig. 41.
6.e
5.e
4.e
3.e
2.e
1.er Peloton.
1.er Peloton.
2.e
3.e
4.e
5.e
6.e

4e. **PARTIE**. — ARTICLE 3.

Formation composée de deux mouvemens.

La colonne par peloton à distance entière, la droite en tête, arrivant par derrière la ligne de bataille, et se prolongeant sur cette ligne ; le chef de bataillon voulant la former en bataille, lorsque le 3e peloton termine sa conversion, arrête la colonne et commande : . . . .

Au 2e commandement, les chefs des trois premiers pelotons les avertissent qu'ils feront à gauche ; le chef du 4e peloton qui n'a pas conversé, avertit son peloton qu'il doit marcher en avant droit devant lui.

Les chefs des 5e et 6e pelotons commandent par peloton demi à gauche ; ce qui étant exécuté, le chef de bataillon fait le commandement de : . . . .

tous les chefs de peloton répètent vivement le commandement de MARCHE. Les trois premiers pelotons se forment à gauche en bataille d'après les principes prescrits page 44.

Le chef du 4e peloton marche droit devant lui ; trois pas avant que son peloton ne soit sur la ligne, il l'arrête par les commandemens prescrits ; se place contre l'homme de gauche du 3e peloton ; commande *à droite* ALIGNEMENT. Au moment où le peloton s'est arrêté, son guide de gauche s'est porté sur la ligne au point où doit appuyer la gauche de son peloton.

Lorsque les chefs des 5e et 6e pelotons jugent que leurs pelotons ont assez conversé, ils commandent *en avant* MARCHE, *guide à droite*, et se forment en avant en bataille d'après les principes expliqués page 48.

La colonne, comme il a été dit ci-dessus, arrivant par devant la ligne de bataille et se prolongeant sur cette ligne ; le chef de bataillon voulant former la colonne en bataille, lorsque le 3e peloton a fait sa conversion, il arrête la colonne et commande :

Au premier commandement, les chefs des trois premiers pelotons les préviennent qu'ils feront à gauche ; les chefs des trois derniers pelotons commandent *par le flanc droit*, et se portent à côté de leur guide de droite.

Ce qui étant exécuté, le chef de bataillon fait le 3e commandement : . . . .

Les chefs de pelotons répètent vivement le commandement de MARCHE : les trois premiers pelotons se forment à gauche comme il a été dit ci-dessus ; les trois derniers pelotons exécutent le mouvement de face en arrière en bataille, par les principes et commandemens prescrits page 50, pour les trois premiers pelotons.

Ces deux exemples suffisent pour faire voir que l'on peut appliquer la formation composée de deux mouvemens à tel peloton que l'on voudra.

Les pelotons déjà entrés dans la direction se forment à droite ou à gauche en bataille ; ceux qui n'y sont pas entrés se forment en avant ou face en arrière en bataille.

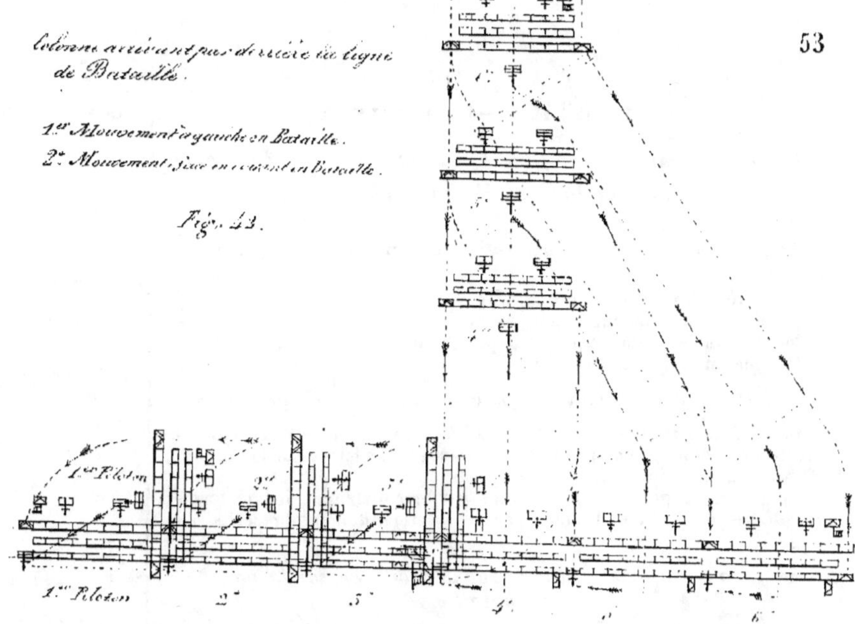

Colonne arrivant par derrière la ligne
de Bataille.

1er Mouvement à gauche en Bataille.
2e Mouvement, face en avant en Bataille.

Fig. 43.

1er Peloton   2e
1er Peloton   2e   3e   4e   5e   6e

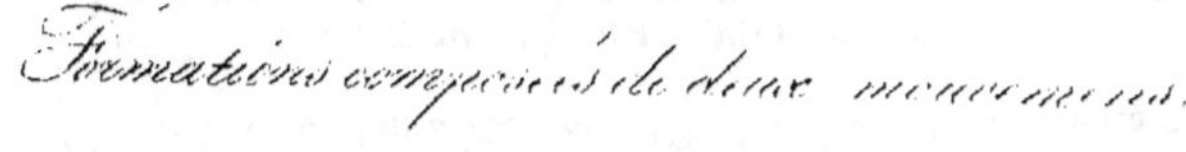

Formations composées de deux mouvemens.

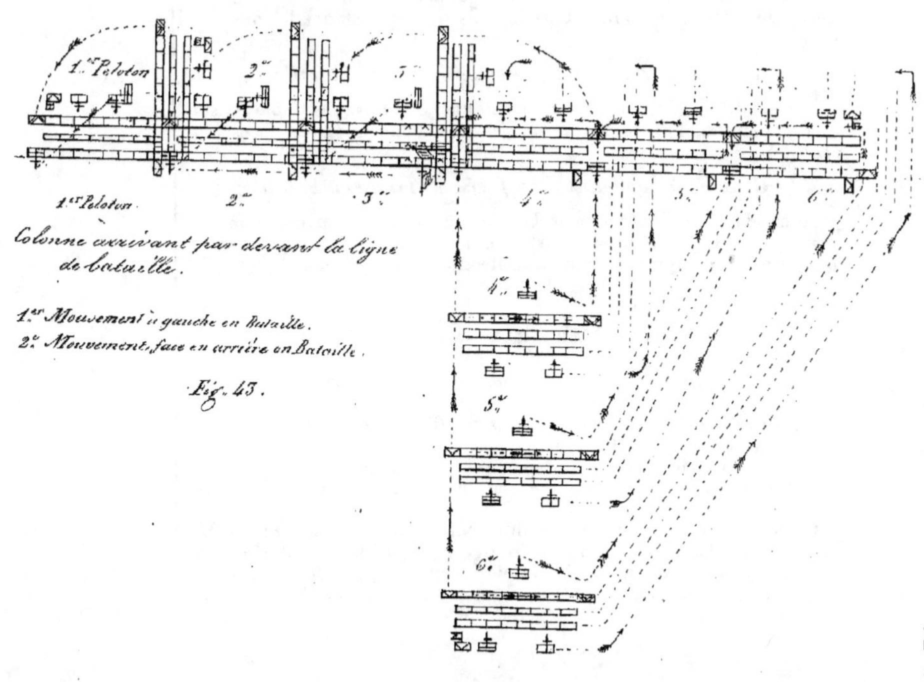

1er Peloton   2e   3e
1er Peloton   2e   3e   4e   5e   6e

Colonne arrivant par devant la ligne
de bataille.

1er Mouvement à gauche en Bataille.
2e Mouvement, face en arrière en Bataille.

Fig. 43.

4e
5e
6e

4ᵉ. **PARTIE.** — ARTICLE 4.

Différentes manières de former la colonne à demi-distance sur la ligne de bataille.

On forme une colonne à demi-distance en bataille de quatre manières :

1º A droite ou à gauche en bataille ;
2º Sur la droite ou sur la gauche en bataille ;
3º En avant en bataille par le déploiement ;
4º Face en arrière en bataille.

1ᵉ *Colonne à demi-distance à gauche en bataille.*

Le chef de bataillon voulant former la colonne à gauche en bataille, arrête la colonne, fait prendre les distances par la tête de la colonne, d'après les principes expliqués page 36 ;

Et quand les pelotons ont exactement leur distance, il fait former la colonne à gauche en bataille par les commandemens prescrits à la page 44.

2º *Colonne à demi-distance sur la droite ou sur la gauche en bataille.*

Cette formation se fait comme à distance entière, voyez page 46. Les commandemens et les principes sont les mêmes, chaque peloton tournant à droite lorsqu'il est arrivé à hauteur du flanc gauche du peloton qui le précède et qui est établi sur la ligne de bataille, voyez figure 45.

Si la colonne était serrée en masse, les principes seraient encore les mêmes ; seulement le guide du pivot dans chaque peloton aurait attention de ne pas ralentir le pas lorsqu'il tourne pour se porter sur la ligne de bataille, et le guide de l'aile marchante doit accélérer aussi le pas à ce moment, afin de ne pas arrêter la marche du peloton qui suit. Cette observation de la part des guides est d'autant plus importante, que les pelotons ne sont qu'à trois pas de distance les uns des autres.

3º *Colonne à demi-distance en avant en bataille.*

Le chef de peloton fait serrer la colonne en masse, et déployer sur le 1ᵉʳ peloton d'après les principes et commandemens prescrits page 56.

4º *Colonne à demi-distance face en arrière en bataille.*

Ce mouvement s'exécute par les mêmes principes et commandemens que pour la colonne à distance de peloton, voyez page 50 et figure 41, et comparez, pour la différence du mouvement, à la figure 47.

ARTICLE 5.

Déploiement des colonnes serrées en masse.

On forme la colonne serrée en masse de trois manières :

1º Face en avant par le déploiement ;
2º Face en arrière par la contre-marche et le déploiement ;
3º Face à droite ou à gauche par un changement de direction par file.

Le déploiement d'une colonne doit toujours être fait carrément. Le chef de bataillon doit établir la colonne perpendiculairement à la ligne de bataille, en rectifiant la direction des guides s'il s'en manque un peu, ou faisant un changement de direction s'il y a trop de différence.

Différentes manières de former la colonne à demi-distance sur la ligne de Bataille et
former la colonne à demi-distance de gauche en bataille.

Fig. 44.

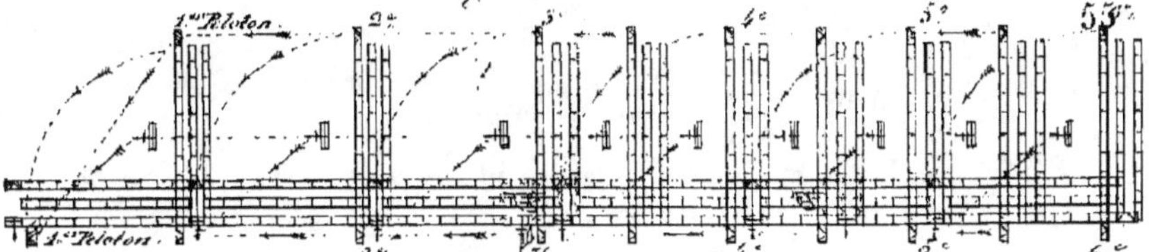

Formez la colonne à demi-distance, sur la droite en Bataille.

Fig. 45.

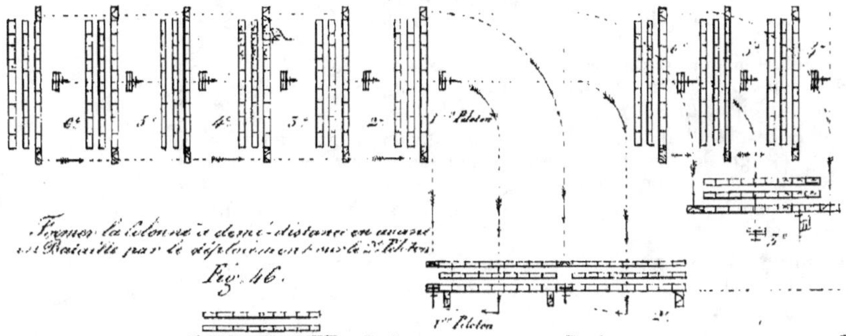

Former la colonne à demi-distance en avant
en Bataille par le déploiement sur le 2.e Peloton.

Fig. 46.

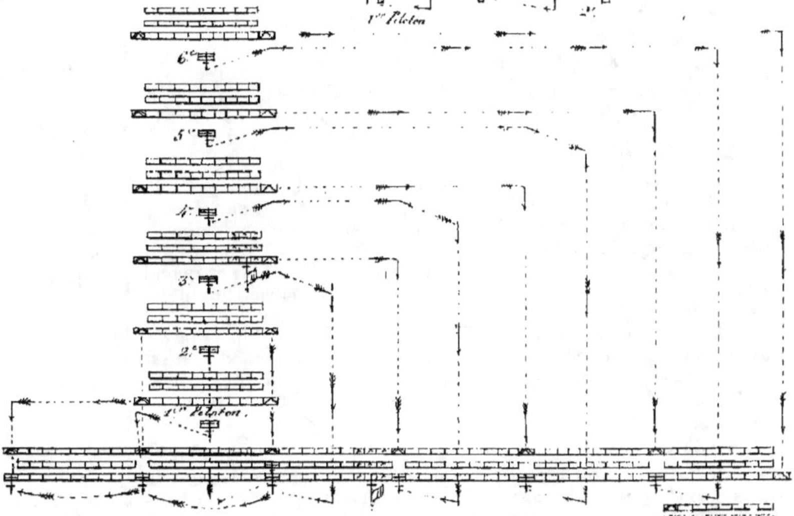

Former la Colonne à demi-distance, fixe en arrière
en Bataille.

Fig. 47.

4e PARTIE. — *Suite de l'article 5.*

Déploiement d'une colonne serrée sur le premier peloton.

La colonne serrée par peloton, arrivant par derrière la ligne de bataille.

Le chef de bataillon indique à l'adjudant-major la direction qu'il veut donner à la ligne de bataille, et le point sur lequel la colonne doit se diriger.

L'adjudant-major établit deux jalonneurs sur la ligne, le premier à l'endroit où doit arriver la droite du 1er peloton; le 2e jalonneur un peu moins éloigné du 1er que le front du peloton.

Le chef de bataillon dirige la marche de la colonne perpendiculairement à la ligne de bataille, l'arrête lorsque la tête est arrivée à trois pas des jalonneurs, et commande : . . . .

COMMANDEMENS.

1° *Sur le* 1er *peloton déployez la colonne.*

Au 1er commandement, le chef du 1er peloton l'avertit qu'il ne doit pas bouger.

Les autres chefs de peloton les préviennent qu'ils feront à gauche.

Le chef de bataillon commande ensuite : . . . .

2° *Bataillon à* GAUCHE.

Tous les chefs de peloton, excepté le 1er, font *à gauche*; chaque chef se porte à côté de son guide de gauche.

Ce qui étant exécuté, le chef de bataillon commande : . . . .

3° *Pas accéléré,* MARCHE.

A ce commandement, le chef du 1er peloton se porte au point où doit appuyer la droite du bataillon; commande *à droite* ALIGNEMENT; aligne son peloton sur les jalonneurs, commande FIXE; et reste à la droite de son peloton.

Les autres pelotons se sont mis en marche; le chef du 2e peloton laisse filer son peloton conduit par son guide de gauche qui marche parallèlement à la ligne de bataille; trois pas avant que son guide de droite ne soit arrivé à sa hauteur, il commande : . . . . fait le 2e commandement quand ce guide est près de lui, et le 3e quand le peloton est arrêté; se porte à côté de l'homme de gauche du 1er peloton.

1° *Peloton,*
2° HALTE,
3° FRONT.

Le guide de gauche va jalonner la ligne au point où doit appuyer l'aile gauche de son peloton; fait face au jalonneur déjà établi, et est assuré dans la direction par l'adjudant-major, qui assure successivement les autres guides à mesure qu'ils se portent sur la ligne de bataille.

Le chef du 2e peloton voyant son guide établi, commande : . . . .

4° *A droite* ALIGNEMENT.

Le chef du 3e peloton a continué à marcher; au commandement de HALTE du chef du peloton qui le précède, il s'arrête, se place à hauteur du flanc gauche du 2e peloton; laisse filer son peloton conduit par son guide de gauche; lorsque son guide de droite arrive à sa hauteur, il commande : 1° *Peloton*, 2° HALTE, 3° FRONT; se porte à deux pas devant le centre de son peloton, et commande : . . . .

4° 3e *Peloton en avant,*
5°. *Guide à droite,*
6° MARCHE.

Le guide de droite se dirige de manière à arriver à côté de l'homme de gauche du peloton qui le précède; trois pas avant d'être sur la ligne, le chef de peloton commande : 1° *Peloton*, 2° HALTE, se porte près de l'homme de gauche du 2e peloton, et commande *à droite* ALIGNEMENT. Au commandement de *halte*, le guide de gauche a été jalonner la ligne.

Les autres pelotons exécutent ce qui a été prescrit pour les chefs des 2e et 3e pelotons.

Les guides doivent observer de conserver six pas de distance entre eux et le guide du peloton qui précède, lorsqu'ils marchent par le flanc, afin d'être toujours parallèlement à la ligne de bataille.

Au commandement de *guides à vos places*, chaque guide se porte à sa place de bataille.

Colonne serré par Peloton, se déployant sur le 1.er Peloton

Fig. 48.

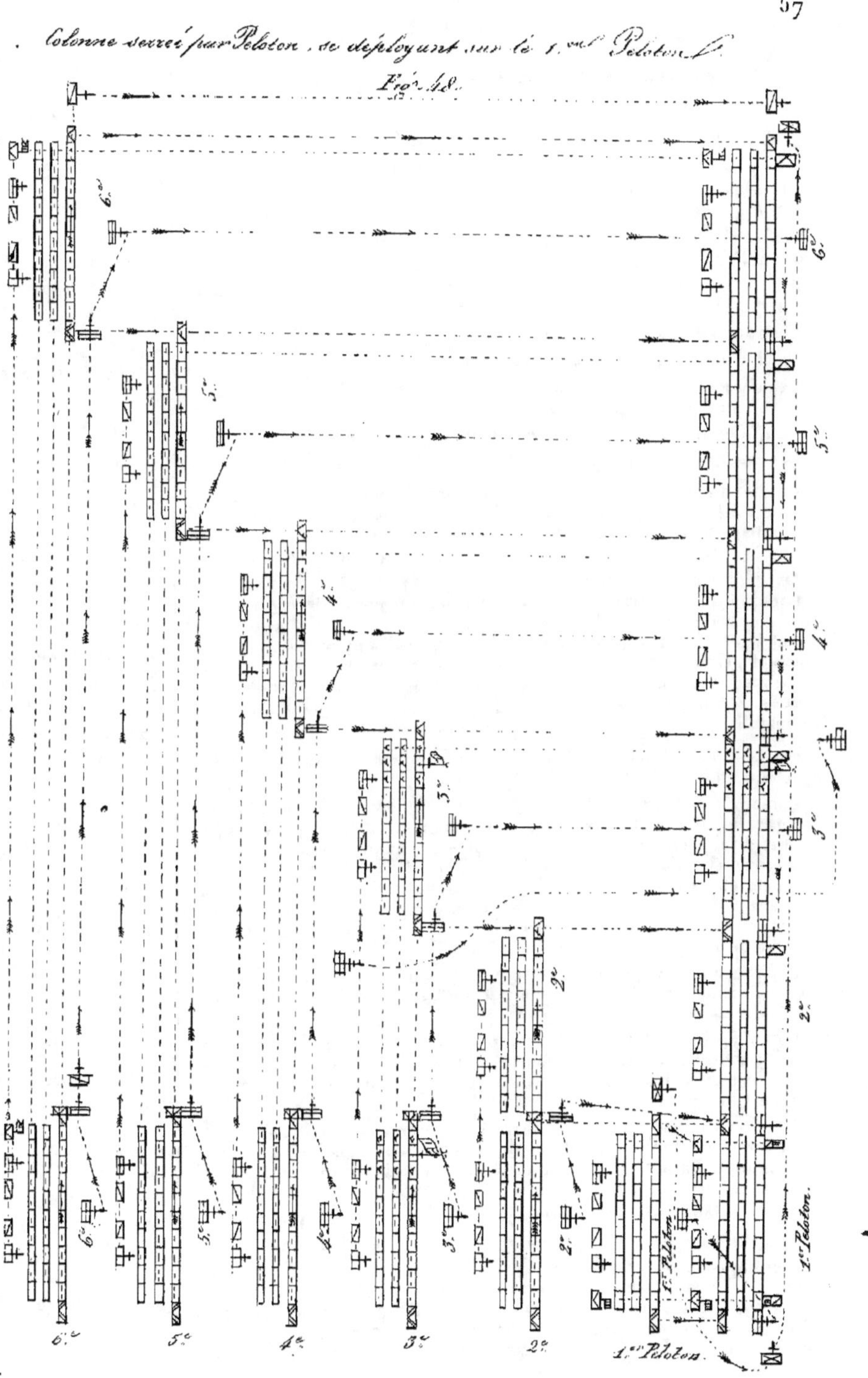

4e PARTIE. — *Suite de l'article 5.*

Déploiement d'une colonne sur le dernier peloton.

Le chef de bataillon voulant faire déployer la colonne sur le sixième peloton, ayant déterminé la ligne de bataille comme il a été indiqué, en plaçant deux jalonneurs envoie le guide général de droite au point où devra appuyer la droite du bataillon quand il sera déployé, et commande:

COMMANDEMENS.

1° Sur le sixième peloton déployez la colonne.

Au 1er commandement, le chef du 6e peloton l'avertit qu'il ne doit pas bouger.

Les autres chefs avertissent leur peloton qu'ils feront à droite.

Le chef de bataillon commande ensuite : . . . .

2° Bataillon A DROITE.

Les cinq premiers pelotons font à droite, leurs chefs se portent à côté de leur guide de droite.

Ce qui étant exécuté, le chef de bataillon commande : . . . .

3° Pas accéléré, MARCHE.

Les pelotons qui ont fait par le flanc droit se mettent en marche.

Le chef du 5e peloton laisse filer son peloton conduit par le guide de droite, qui marche parallèlement à la ligne de bataille; et lorsque son guide de gauche arrive à sa hauteur, il commande : *Peloton,* HALTE, FRONT, fait appuyer à gauche les files qui seraient trop en avant ; se porte deux pas devant le centre de son peloton.

Lorsque le 6e peloton est près d'être démasqué par le 5e peloton, son chef commande : . . . . et fait le 3e commandement quand il est entièrement démasqué; conduit son peloton sur la ligne de bataille; trois pas avant qu'il ne soit arrivé près des jalonneurs, il commande : 4° *Peloton,* 5° HALTE, se porte sur la ligne au point où doit appuyer la gauche du bataillon, et commande : . . . .

1° Peloton en avant,
2° Guide à gauche,
3° MARCHE.

6° A gauche ALIGNE-MENT.

Quand il est assuré de l'alignement, il commande FIXE et reste à la gauche de son peloton.

Lorsque le 5e peloton est démasqué par le 4e, son chef le conduit sur la ligne de bataille et l'aligne à gauche par les principes prescrits par le chef du 6e peloton. Le chef du 4e peloton conduit son peloton et s'arrête au commandement de *halte* du chef du 5e peloton, laisse filer son peloton ; et quand son guide de gauche arrive à sa hauteur, il arrête son peloton; commande HALTE, FRONT ; le conduit sur la ligne de bataille et l'établit d'après les commandemens prescrits par le chef du 5e peloton.

Chaque chef de peloton s'arrête également au commandement de HALTE du chef de peloton qui marche après lui, et exécute ce qui vient d'être dit ci-dessus.

Le chef du 2e peloton, se trouvant très-rapproché de la ligne, ne se porte pas devant le centre de son peloton lorsqu'il l'arrête ; il se place de suite contre l'homme de droite du 3e peloton, et commande *à gauche* ALIGNEMENT.

Le chef du 1er peloton s'est arrêté au commandement de *halte* du chef du 2e peloton ; son guide de droite s'est dirigé aussi parallèlement à la ligne de bataille et de manière à arriver trois pas derrière le guide général de droite.

Le déploiement étant terminé, le chef de bataillon commande : . . .

Guides, A VOS PLACES.

Les chefs de peloton se portent à la droite de leur peloton.

Les chefs de peloton doivent bien observer dans tous les déploiemens, qu'après s'être arrêté pour laisser filer leur peloton, de s'assurer de la position du peloton qui le précède sur la ligne, et de se porter à droite ou à gauche pendant que son peloton marche par le flanc, afin d'être exactement vis-à-vis l'endroit où il doit s'appuyer sur la ligne.

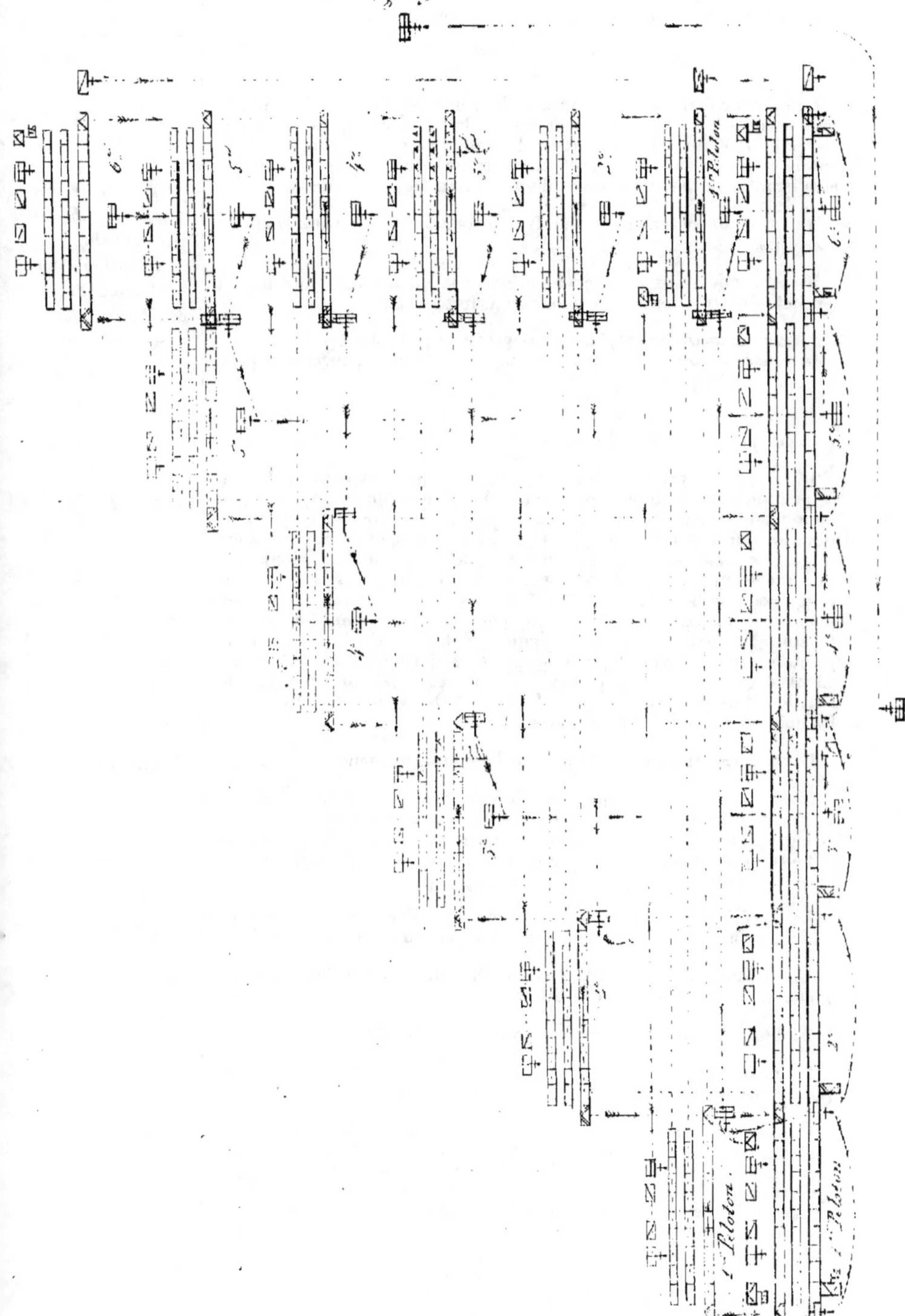

Colonne serrée par Peloton se déployant sur le 6.e Peloton.
Fig. 49.
6.e Peloton
1.er Peloton
1.er Peloton

4ᵉ PARTIE. — *Suite de l'article 5.*

Déploiement d'une colonne serrée sur un peloton de l'intérieur.

La colonne étant serrée en masse, la droite en tête, le chef de bataillon voulant la faire déployer sur le 3ᵉ peloton, après avoir fait tracer la ligne de bataille comme il a été indiqué, envoie les deux guides généraux sur cette ligne, aux points où doit appuyer la droite et la gauche du bataillon lorsqu'il sera en bataille, et commande : ...

1° Sur le troisième peloton déployez la colonne,
2° Bataillon A DROITE *et* A GAUCHE,
3° Pas accéléré, MARCHE.

Au 1ᵉʳ commandement, le chef du 3ᵉ peloton le prévient qu'il ne bouge pas.

Les chefs des deux premiers les avertissent qu'ils feront à droite, et les chefs des trois derniers pelotons qu'ils feront à gauche.

Au 2ᵉ commandement, les deux premiers pelotons font à droite, leurs chefs exécutent ce qui a été dit pour le pareil mouvement page 56.

Les trois derniers pelotons ont fait à gauche, et leurs chefs observent ce qui a été prescrit pour ce mouvement page 58.

Le chef du 3ᵉ peloton exécute ce qui a été prescrit pour le chef du 6ᵉ peloton dans le déploiement sur le 6ᵉ peloton (page 58). Son peloton étant arrivé à trois pas de la ligne, il l'arrête, se porte sur la ligne au point où doit appuyer la gauche de son peloton, et commande *à gauche* ALIGNEMENT, et aligne son peloton sur les jalonneurs. Lorsque le chef du 4ᵉ peloton arrive sur la ligne, il se retire au 2ᵉ rang pour laisser sa place au chef du peloton qui aligne son peloton à droite. Chaque chef de peloton doit aligner du côté du peloton qui sert de base à la ligne de bataille. Ainsi, n'importe le peloton sur lequel on déploie, les pelotons qui ont fait à droite alignent à gauche, et les guides de droite vont jalonner la ligne de bataille. Les pelotons qui ont fait à gauche alignent à droite, et les guides de gauche vont jalonner la ligne.

Le mouvement terminé, le chef de bataillon commande : ....

Guides, A VOS PLACES.

Les chefs des pelotons qui ont fait à gauche, se portent à la droite de leur peloton ; le chef du 3ᵉ peloton, qui est derrière le chef du 4ᵉ peloton, traverse le créneau au moment où le chef du 4ᵉ peloton déboîte en avant pour laisser rentrer le guide, et se porte à la droite de son peloton.

Le chef de bataillon parcourt la ligne pour s'assurer de la précision des mouvemens de chaque peloton à mesure qu'il arrive sur la ligne.

L'adjudant-major assure la position des jalonneurs et des guides qui sont à la droite du peloton de direction.

L'adjudant assure les guides qui sont à la gauche de ce peloton.

La colonne ayant la gauche en tête, les déploiemens s'exécuteraient par les mêmes principes, mais les moyens inverses.

Ces mouvemens s'exécutent, la colonne étant par division, par les mêmes principes et commandemens, seulement en substituant le nom de division à celui de peloton ; les guides des pelotons qui ne sont pas guides des divisions se portent sur la ligne pour jalonner la droite ou la gauche de leur peloton, selon que la division a fait à droite ou à gauche.

Colonne serrée par Peloton se déployant sur le 3e Peloton.

Fig. 50.

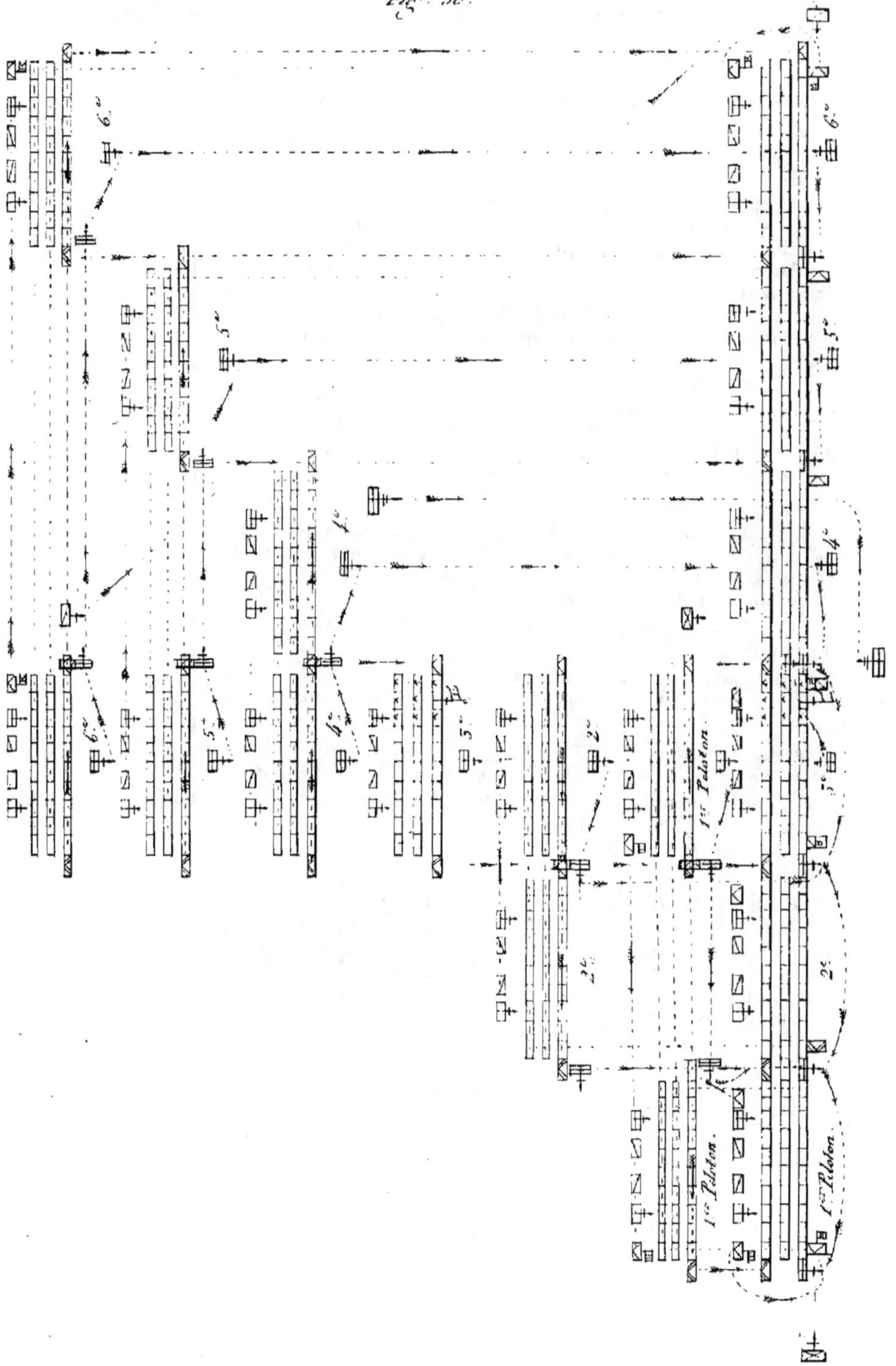

5e PARTIE. — ARTICLE 1er.

Marche en bataille en avant.

Le bataillon étant aligné et se trouvant bataillon de direction.

Le chef de bataillon avertit l'adjudant-major qu'il va faire marcher en bataille, se porte à quarante pas en arrière de la file du drapeau, et y fait face.

L'adjudant-major se porte quarante pas en avant de la même file, et fait face au chef de bataillon, qui l'établit d'un signe de son épée vis-à-vis le porte-drapeau, sur une direction perpendiculaire à la ligne de bataille, et choisit par-dessus la tête de l'adjudant-major un objet saillant qu'il indique au porte-drapeau comme point de direction ; le porte-drapeau prend des points à terre qui, partant de lui, passent entre les talons de l'adjudant-major.

Le chef de bataillon se porte ensuite à soixante pas en arrière, et place deux jalonneurs sur le prolongement de la ligne déterminée par l'adjudant-major et le porte-drapeau, le 1er à vingt-cinq pas derrière le 3e rang du bataillon, le 2e à vingt-cinq pas du 1er, tous deux faisant face en arrière.

Ces dispositions faites, le chef de bataillon commande : .... 1° *Bataillon en avant.*

A ce commandement, les chefs de peloton du demi-bataillon de gauche se portent à la gauche de leur peloton ; le sous-officier de remplacement du 4e peloton passe au 1er rang pour remplacer le chef de ce peloton.

Le chef du dernier peloton prend la place du guide de gauche du bataillon, lequel recule au 2e rang.

Le 1er rang de la garde du drapeau se porte six pas en avant du 1er rang et est remplacé, au 1er rang, par le second rang de cette garde.

Les guides généraux se portent six pas en avant du 1er rang, vis-à-vis des chefs de peloton qui ferment les ailes du bataillon.

L'adjudant-major, après avoir assuré le porte-drapeau, se place douze pas en avant sur la droite du chef du 3e peloton.

L'adjudant se place à six ou huit pas en avant d'un des flancs du rang du porte-drapeau.

Le chef de bataillon, assuré de ces dispositions, commande : 2° MARCHE.

Le bataillon part vivement. Les chefs des premier et dernier pelotons conforment leur marche sur celle des trois caporaux placés derrière le porte-drapeau, maintiennent les épaules carrément, et prennent le pas du porte-drapeau, et s'ils se trouvaient trop en arrière ou en avant, ils doivent allonger ou accourcir le pas, mais d'une manière peu sensible.

L'adjudant veille à ce que les chefs de peloton marchent bien à la même hauteur que la garde du drapeau placée au centre du 1er rang.

Les chefs de peloton doivent bien observer de ne pas se laisser déborder par les soldats, afin de pouvoir s'aligner sur le centre.

Si le porte-drapeau marche bien exactement dans la ligne qui lui a été tracée, que le second rang de la garde du drapeau marche bien dans la trace de ce dernier, et que les guides généraux se maintiennent bien à leur hauteur, le bataillon devra toujours marcher parallèlement à la ligne de bataille.

COMMANDEMENS.

Marche en Bataille

Fig. 31

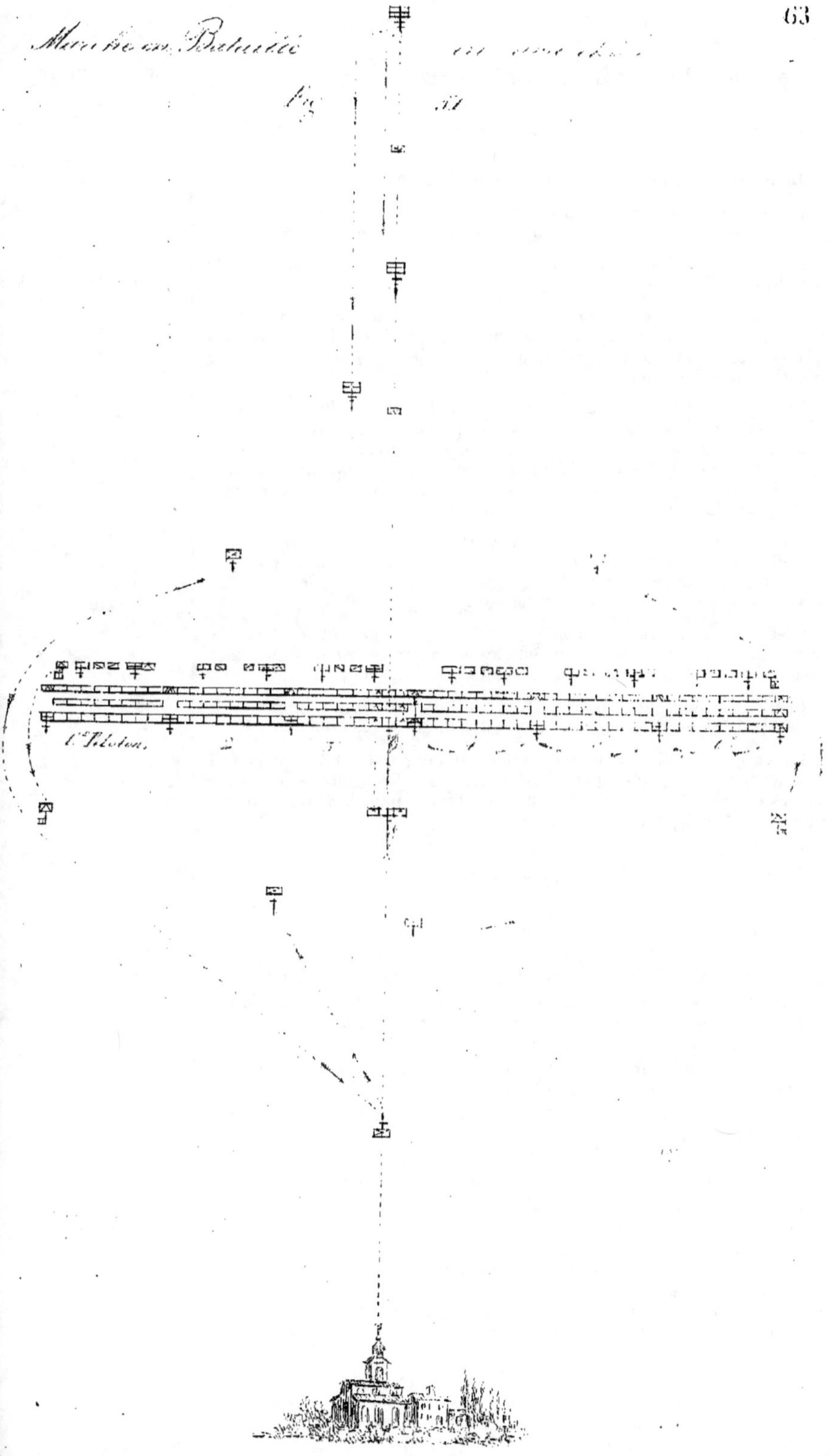

5ᵉ **PARTIE**. — *Suite de l'article 1ᵉʳ.*

Marche en avant.

Le bataillon venant à perdre le pas, le chef de bataillon commande :

Au pas.

Les chefs de peloton jettent les yeux sur le porte-drapeau et reprennent le pas, ce que les soldats exécutent aussitôt.

Si le porte-drapeau s'éloignait du point de direction, le chef de bataillon commande : ....

Point de direction plus à droite (ou à gauche).

L'adjudant se porte vivement à trente ou quarante pas en avant, fait face au chef de bataillon, qui, d'un signe de son épée, le replace dans la direction et avertit le caporal placé derrière le porte-drapeau de se diriger vers l'adjudant.

Ce caporal avance l'épaule opposée ; les deux caporaux placés près de lui se conforment à sa direction ; le porte-drapeau se dirige sur l'adjudant, qui le fait appuyer à droite ou à gauche, jusqu'à ce qu'il lui couvre le caporal de sa file. Le porte-drapeau reprend des points à terre dans la nouvelle direction ; les guides généraux se conforment à la direction du rang du porte-drapeau.

L'adjudant-major ayant assuré le porte-drapeau, reprend sa place et veille à ce que les chefs de peloton se conforment à la nouvelle direction, en les avertissant de reculer ou d'avancer sur la ligne, les désignant par le numéro de leur peloton.

L'adjudant se porte quelquefois vingt pas en avant, et se place sur le prolongement des jalonneurs échelonnés derrière le bataillon, pour vérifier la direction du porte-drapeau et le rétablir s'il venait à s'écarter.

Pendant la marche, le chef de bataillon se tient à trente pas du bataillon, évitant de se mettre sur la direction des jalonneurs.

Lorsque le bataillon est avancé de vingt-cinq pas, il fait placer un 3ᵉ jalonneur à vingt-cinq pas derrière le 1ᵉʳ. L'officier chargé de placer successivement les jalonneurs, prend toujours pour base de la direction le porte-drapeau et le caporal de sa file.

ARTICLE **2**.

Marche oblique en bataille.

Le bataillon marchant en avant, le chef de bataillon commande : ...

1º Oblique à droite,
2º MARCHE.

Au 1ᵉʳ commandement, l'adjudant se porte en avant du porte-drapeau et lui fait face ; au 2ᵉ commandement, tout le bataillon prend le pas oblique d'après les principes prescrits à l'École du peloton.

L'adjudant maintient le porte-drapeau sur le caporal du centre, de manière à ce qu'il n'oblique ni plus ni moins que ce dernier.

L'adjudant-major maintient la base d'alignement parallèlement à la ligne primitive.

Le chef de bataillon veille aussi à ce que le bataillon, tout en obliquant, soit toujours parallèlement au premier alignement.

Pour faire reprendre la marche directe, le chef de bataillon commande : ....

1º En avant,
2º MARCHE.

Au 2ᵉ commandement, tout le bataillon reprend le pas direct ; les chefs de peloton observent de ne faire serrer que peu à peu les espaces qui se trouveraient dans les files ; l'adjudant se porte à trente pas en avant pour assurer la nouvelle direction du porte-drapeau, lequel prend de nouveaux points à terre pour se diriger.

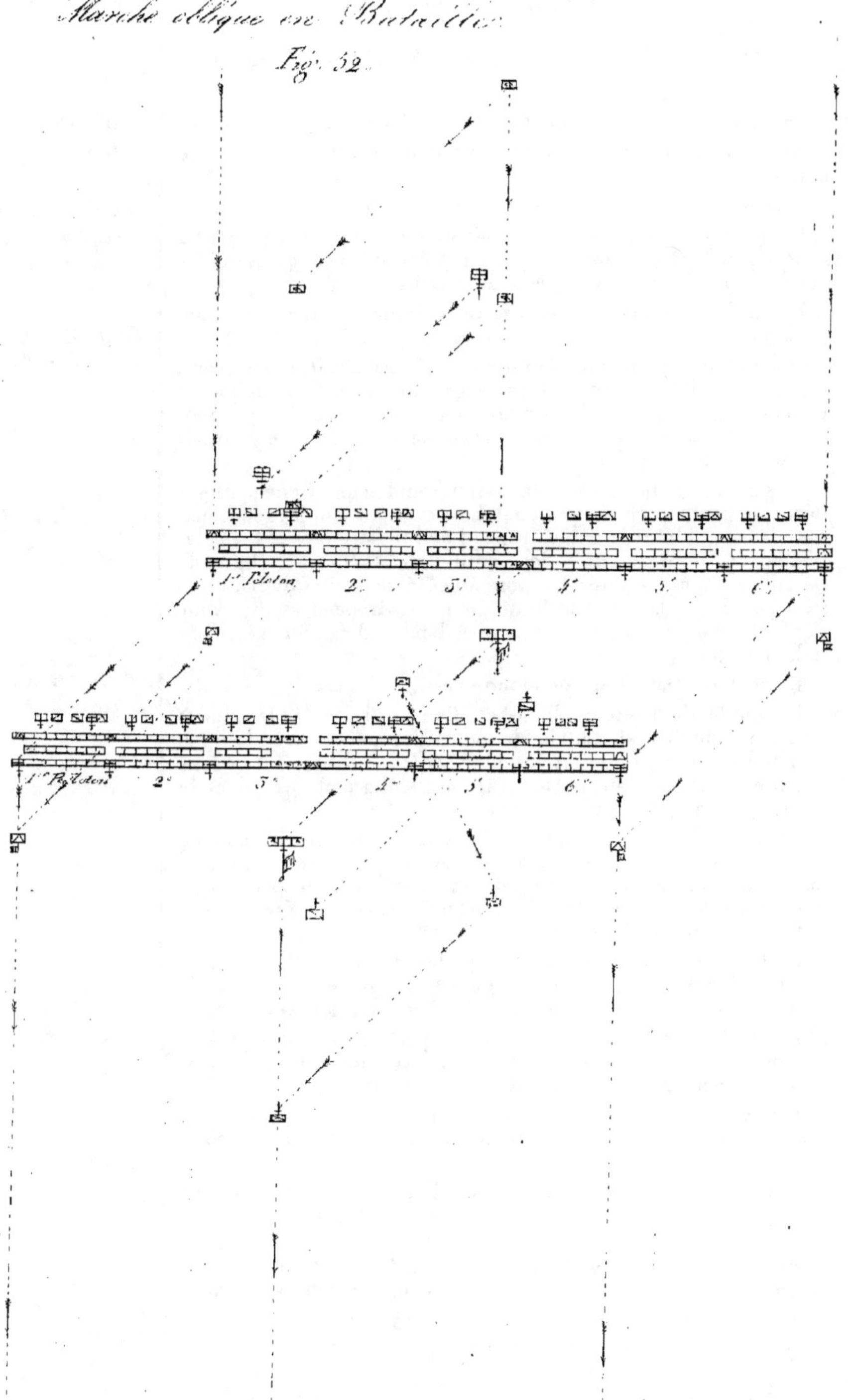
Marche oblique en Bataille
Fig. 52.
1.er Peloton   2.   3.   4.   5.   6.
1.er Peloton   2.   3.   4.   5.   6.

5ᵉ **PARTIE.** — ARTICLE 5.

Arrêter le bataillon marchant en bataille et l'aligner.

Le chef de bataillon voulant arrêter le bataillon, commande :

Au 2ᵉ commandement, tout le bataillon s'arrête, personne ne bouge plus.

Au commandement du chef de bataillon de : ... .

Les chefs de peloton du demi-bataillon de gauche se portent à la droite de leur peloton ; le rang du porte-drapeau et les guides généraux reprennent leur place de bataille.

Le chef de bataillon voulant faire rectifier l'alignement, commande : ....

Les chefs de peloton alignent sur le centre sans quitter leur place ; le demi-bataillon de droite aligne à gauche ; le demi-bataillon de gauche aligne à droite. L'adjudant-major surveille l'alignement en faisant rentrer ou sortir tel chef de peloton, le désignant par le numéro de son peloton.

Le chef de bataillon voulant faire prendre un alignement général, se porte quelques pas en dehors d'un des guides généraux, avertit ce guide et le porte-drapeau de lui faire face, et les établit sur la nouvelle direction qu'il veut donner à la ligne de bataille. Le guide-général opposé au côté où le chef de bataillon s'est porté, se place sur la ligne du porte-drapeau et du guide général déjà établis, où il est assuré dans sa direction par l'adjudant-major.

Le chef de bataillon commande ensuite : ....

Les guides de droite du demi-bataillon de droite, et les guides de gauche du demi-bataillon de gauche se portent sur la ligne de bataille au point où doit appuyer le côté où ils étaient de leur peloton, font face au porte-drapeau, s'alignent sur lui et le guide général qui est devant eux.

Les chefs du demi-bataillon de droite se portent à la gauche de leur peloton. Le chef du 3ᵉ peloton se porte au 2ᵉ rang et laisse sa place au chef du 2ᵉ peloton. Les chefs de peloton du demi-bataillon de gauche se reporteraient à la droite de leur peloton s'ils n'y étaient pas.

L'adjudant-major rectifie les guides du demi-bataillon de droite ; l'adjudant rectifie les guides du demi-bataillon de gauche, ce qui étant exécuté, le chef de bataillon commande :

Les chefs de peloton conduisent leur peloton près des guides, en conformant la marche de leur peloton à la nouvelle direction, et les alignent par les commandemens prescrits.

L'adjudant-major aligne le peloton du drapeau, son chef se trouvant au 2ᵉ rang. L'alignement terminé, le chef de bataillon commande : ....

Les chefs de peloton du demi-bataillon de droite reprennent leur place de bataille, ainsi que le drapeau, les guides généraux et les autres guides.

Si le drapeau et les guides généraux étaient dans les rangs lorsque le chef de bataillon veut faire prendre un alignement général, il commanderait : ....

Ce qui s'exécuterait comme il a été prescrit ci-dessus.

COMMANDEMENS.

—

1º *Bataillon,*
2º HALTE.

Drapeau et guides généraux, A VOS PLACES.

Chefs de peloton, rectifiez l'alignement.

1º *Guides* SUR LA LIGNE.

2º *Sur le centre* ALIGNEMENT.

Drapeau et guides, A VOS PLACES.

Drapeau et guides généraux SUR LA LIGNE.

Arrêter le Bataillon marchant en Bataille
et lui faire prendre un alignement quarré

Dans cette figure le commandement est sur le centre
alignement n'a pas encore été tiré

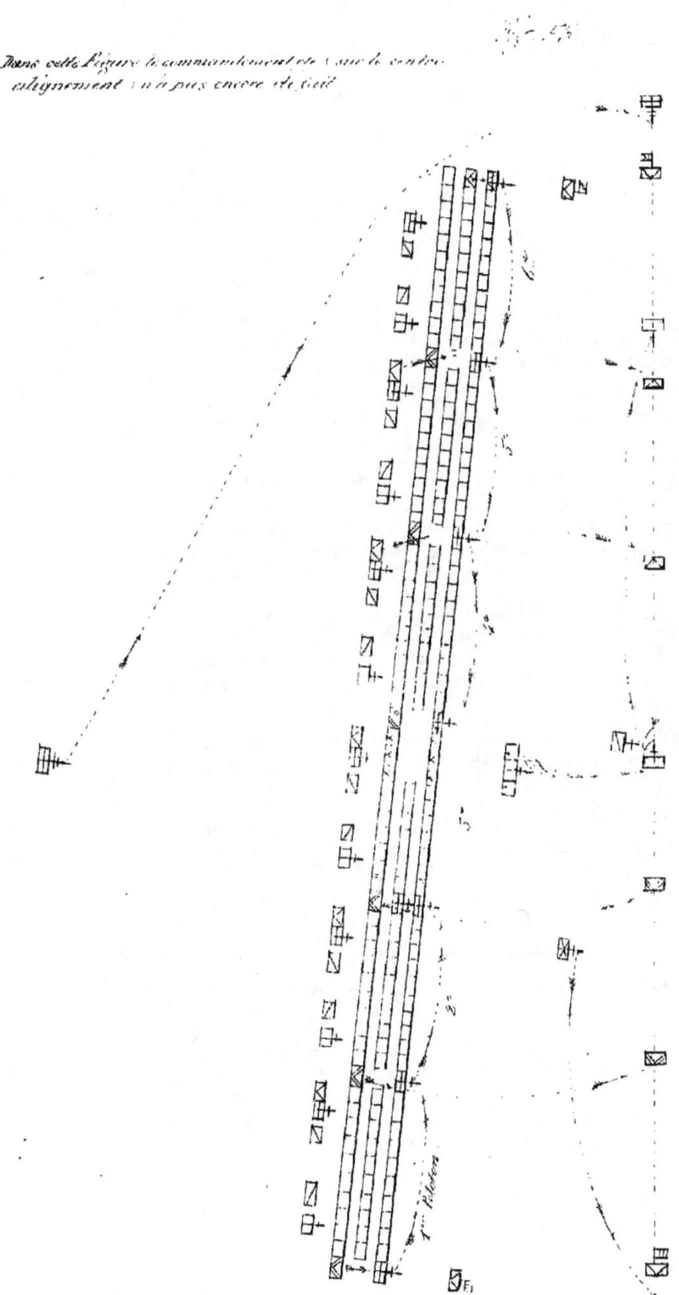

5ᵉ **PARTIE**. — ARTICLE **4**.

Changement de direction en marchant en bataille en avant.

Le chef de bataillon voulant faire changer de direction à droite commande : . . . .

Le chef du 1ᵉʳ peloton et le guide général de droite ne font que pivoter ; le chef de peloton cède un peu de terrain à droite s'il vient à être pressé.

Le rang du porte-drapeau fait le pas d'un pied, se dirige circulairement à droite en avançant un peu l'épaule gauche.

L'adjudant fait face au drapeau et en dirige la marche de manière à lui faire décrire un arc de cercle ni trop grand ni trop petit.

Les chefs de peloton de droite et de gauche du porte-drapeau conforment leur marche sur les trois caporaux de la garde du drapeau placés au centre du 1ᵉʳ rang du bataillon ; les autres chefs de peloton règlent la marche de leur peloton sur cette base.

Le chef du dernier peloton placé à la gauche du bataillon et le guide général de gauche, marchent circulairement le pas de deux pieds ; le chef de peloton s'aligne sur le peloton du centre ; le guide général s'aligne sur le porte-drapeau et le guide général de droite.

Le chef de bataillon et l'adjudant-major veillent à ce que le centre cintre un peu en arrière, afin que les ailes puissent se conformer au mouvement.

Le principe est le même que dans la conversion d'un peloton : le pivot marque le pas en tournant un peu sur place ; le centre fait le pas d'un pied, et l'aile marchante le pas de deux pieds ; chaque homme fait le pas d'autant plus petit qu'il se trouve rapproché du pivot.

Voulant arrêter la conversion, le chef de bataillon commande :

Tout le bataillon reprend le pas de deux pieds et la marche directe.

L'adjudant se porte trente ou quarante pas en avant, fait face au chef de bataillon, qui l'établit, par un signe de son épée, sur la direction perpendiculaire que doit suivre le porte-drapeau ; lorsque l'adjudant est assuré dans sa position, le porte-drapeau prend des points à terre qui doivent passer entre les talons de l'adjudant, pour tracer sa marche.

Le caporal de la file du drapeau placé au 1ᵉʳ rang du bataillon marche dans les traces du porte-drapeau ; les chefs de peloton à la droite et à la gauche du drapeau se conforment au mouvement de ce dernier.

L'adjudant-major surveille la position et la marche de ces deux pelotons, qui forment la base de l'alignement ; les autres chefs de peloton se conforment à ce mouvement, mais peu à peu et sans chercher à y arriver de suite.

1ᵒ *Changement de direction à droite,*
2ᵒ MARCHE.

1ᵒ *En avant,*
2ᵒ MARCHE.

Changement de direction marchant en Bataille en avant.

Fig. 54.

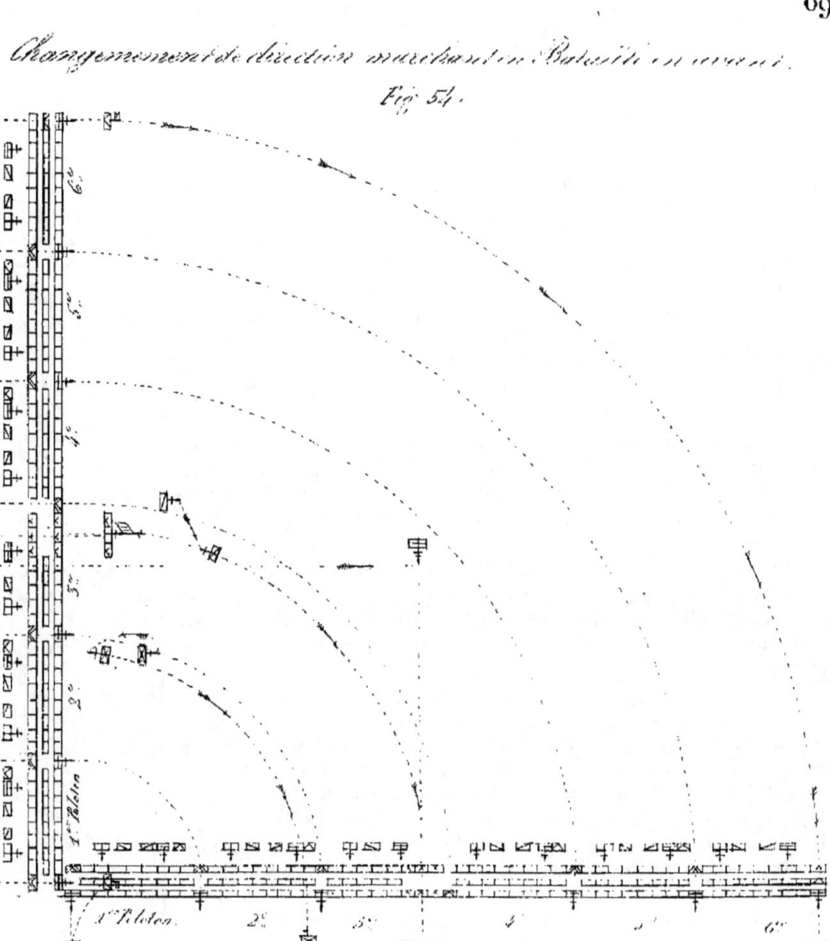

5ᵉ **PARTIE.** — ARTICLE 5.

Marche en bataille en retraite,

Le chef de bataillon ayant arrêté le bataillon et voulant le faire marcher en retraite , commande : ....

1º *Face en arrière,*

Au 1ᵉʳ commandement, le rang du porte-drapeau et les guides généraux reprennent leur place de bataille s'ils étaient devant le 1ᵉʳ rang.

2º *Bataillon demi-tour* A DROITE ,

Au 2ᵉ commandement , tout le bataillon fait demi-tour , le rang du porte-drapeau passe au 3ᵉ rang devenu 1ᵉʳ ; les deux caporaux de sa file reculent aux 1ᵉʳ et 2ᵉ rangs.

L'adjudant-major et l'adjudant se placent en avant du 3ᵉ rang devenu 1ᵉʳ.

Le chef de bataillon passe derrière le 1ᵉʳ rang, devenu 3ᵉ ; se porte à quarante pas en arrière de la file du drapeau ; assure l'adjudant-major qui s'est placé quarante pas en avant des serre-files , dans la nouvelle direction où doit marcher le porte-drapeau (*).

Ce qui étant exécuté , le chef de bataillon commande : .....

3º *Bataillon en avant,*

Les chefs de peloton se portent au 3ᵉ rang, devenu 1ᵉʳ ; ceux du demi-bataillon de gauche se portent à la gauche de leur peloton, devenu droite , s'ils ne s'y trouvaient pas avant de faire demi-tour.

Le porte-drapeau et les deux caporaux du 3ᵉ rang de sa garde marchent huit pas en avant et sont remplacés au 3ᵉ rang par le second rang de cette garde ; les guides-généraux se portent à hauteur du porte-drapeau ; les sous-officiers de remplacement se portent dans le rang des serre-files, vis-à-vis leur créneau.

Les trois serre-files les plus près du centre du bataillon se placent derrière le rang du porte-drapeau pour servir de base au rang des serre-files ; ces dispositions terminées , le chef de bataillon commande : ....

4º MARCHE.

Le bataillon se met en marche par le 3ᵉ rang , d'après les mêmes principes que pour le 1ᵉʳ rang.

Le serre-file placé derrière le porte-drapeau marche dans la trace de ce dernier.

Le porte-drapeau marche dans la ligne des jalonneurs ; si c'est un bataillon de direction , ou dans la direction des points qu'il a pris à terre si c'est un bataillon subordonné (**).

L'adjudant-major placé en dehors des serre-files du 3ᵉ peloton maintient les serre-files dans la base d'alignement , perpendiculairement à la ligne de direction.

L'adjudant assure les jalonneurs à mesure que le bataillon marche en retraite.

(*) Si c'est un bataillon de direction , les jalonneurs font demi-tour, et dans cette position font face au bataillon. Le jalonneur le plus près du bataillon se porte à vingt-cinq pas en arrière de l'autre ; et ce sont ces jalonneurs qui déterminent la direction du porte-drapeau.

(**) Un bataillon de direction est celui qui sert de base dans une ligne de plusieurs bataillons ; celui-là seul place des jalonneurs pour assurer sa direction, les bataillons subordonnés n'en ont pas.

Marche en Bataille en retraite.
Fig. 55.
1.er Peloton.
2.e
3.e
4.e
5.e
6.e

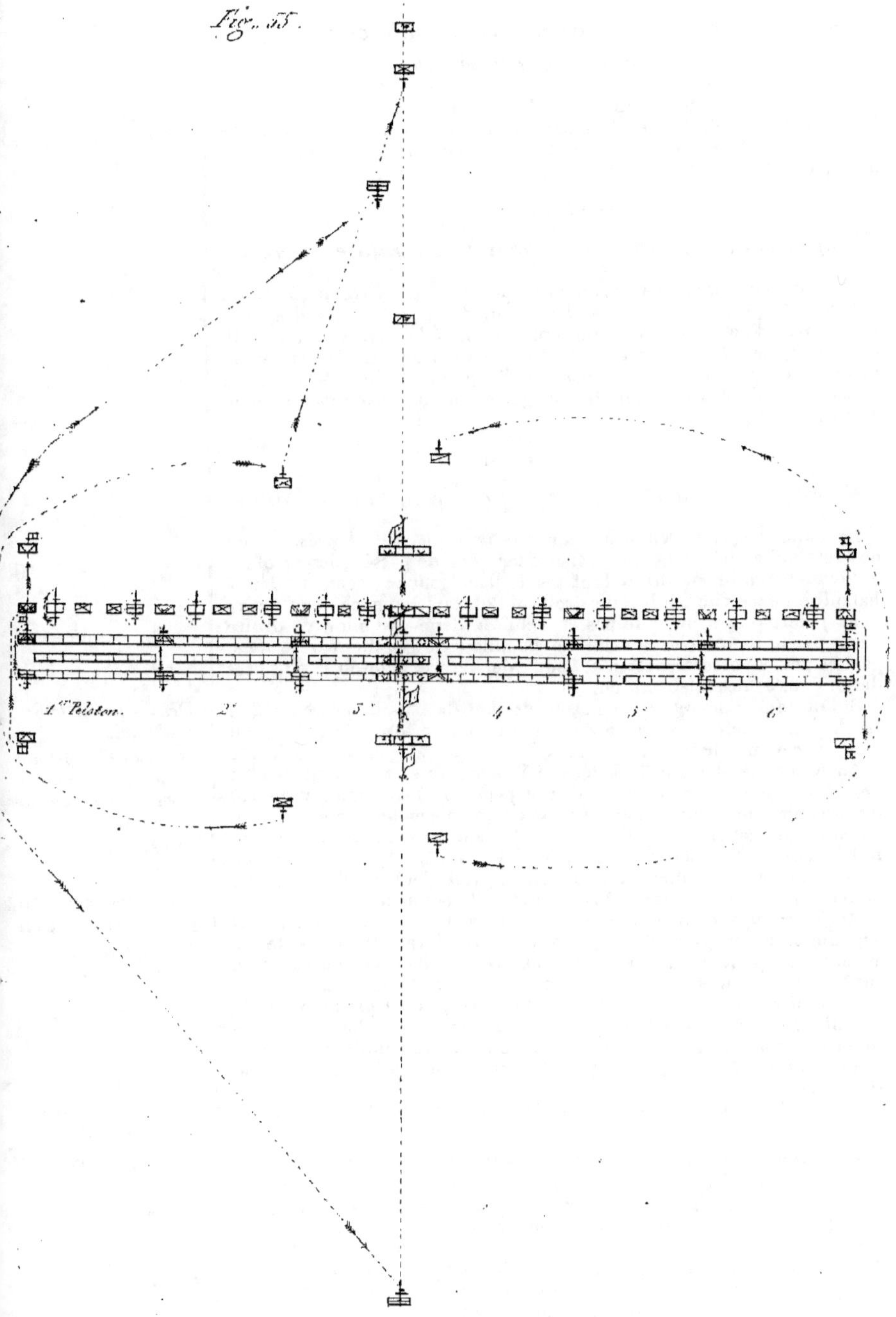

5ᵉ. PARTIE. — ARTICLE 6.

Arrêter le bataillon marchant en bataille en retraite
et le remettre face en tête.

Le chef de bataillon ayant arrêté le bataillon, commande : ....
Les chefs de peloton, le drapeau, les guides généraux, les sous-officiers de remplacement, les adjudans reprennent leur place de bataille, voyez figure 5.

ARTICLE 7.

Changement de direction marchant en bataille en retraite.

Les commandemens sont les mêmes que dans la marche en avant ; le serre-file placé au centre du bataillon, derrière le porte-drapeau, fait le pas d'un pied, se maintient toujours à la même distance du porte-drapeau ; le rang des serre-files se conforme au mouvement du centre et est maintenu sur la base par l'adjudant-major ; du reste, ce mouvement s'exécute comme le changement de direction marchant en avant, voyez page 68.

ARTICLE 8.

Passage d'obstacle en marchant en avant et en retraite.

Le bataillon étant en marche par le 1ᵉʳ rang, s'il se présente un obstacle qui empêche un ou plusieurs pelotons de passer, les pelotons du demi-bataillon de droite font par le flanc gauche, ceux du demi-bataillon de gauche par le flanc droit. Si l'obstacle empêchait un ou les deux pelotons du centre de passer, celui du demi-bataillon de droite ferait par le flanc droit et celui du bataillon de gauche par le flanc gauche, et se porteraient l'un et l'autre derrière le peloton le plus près de lui dans son demi-bataillon.

Si l'obstacle couvre le 2ᵉ peloton, le chef de bataillon commande :
Le chef du 2ᵉ peloton se porte devant le centre de son peloton, lui fait face, et commande : ....

Au 2ᵉ commandement, le peloton fait à gauche en marchant, le chef de peloton se porte à la gauche de son peloton, fait déboîter vivement les trois files de gauche en arrière ; le guide de gauche se place devant l'homme de gauche du 1ᵉʳ rang, conduit son peloton derrière et parallèlement au 3ᵉ peloton, en accélérant le pas ; le chef du 2ᵉ peloton s'est arrêté à hauteur du chef du 3ᵉ peloton, voit filer son peloton ; quand la dernière file de droite est à sa hauteur, il commande : ....

Au 3ᵉ commandement, le peloton fait à droite sans s'arrêter, et marche en avant ; le chef de peloton se porte devant le centre de son peloton ; le guide de droite marche exactement dans la trace du chef du 3ᵉ peloton ; lorsque le chef du 2ᵉ peloton voit son peloton à distance entière du 3ᵉ peloton, il commande AU PAS, et prend le pas du bataillon. Aussitôt qu'il a pu passer, le guide de gauche du 1ᵉʳ peloton s'est porté à la gauche de son peloton et maintient l'espace nécessaire entre lui et le 3ᵉ peloton, pour laisser la place du 2ᵉ peloton quand il rentrera en ligne.

L'obstacle étant passé, le chef de bataillon commande : ....

Le chef de peloton fait face à son peloton, et commande : ....

Au 2ᵉ commandement, le peloton accélère le pas, exécute un demi-quart de conversion ; au 3ᵉ commandement, il marche en avant, son chef le fait rentrer en ligne par les mêmes principes que pour la formation en avant en bataille, voyez page 48 ; il se porte à sa place de bataille ; le guide de gauche du 1ᵉʳ peloton se reporte en serre-file ; lorsque le peloton est rentré en ligne, le chef de peloton commande AU PAS ; le peloton reprend le pas du bataillon.

Passage d'obstacle.

Obstacle du 2.e Peloton.

Fig. 56.

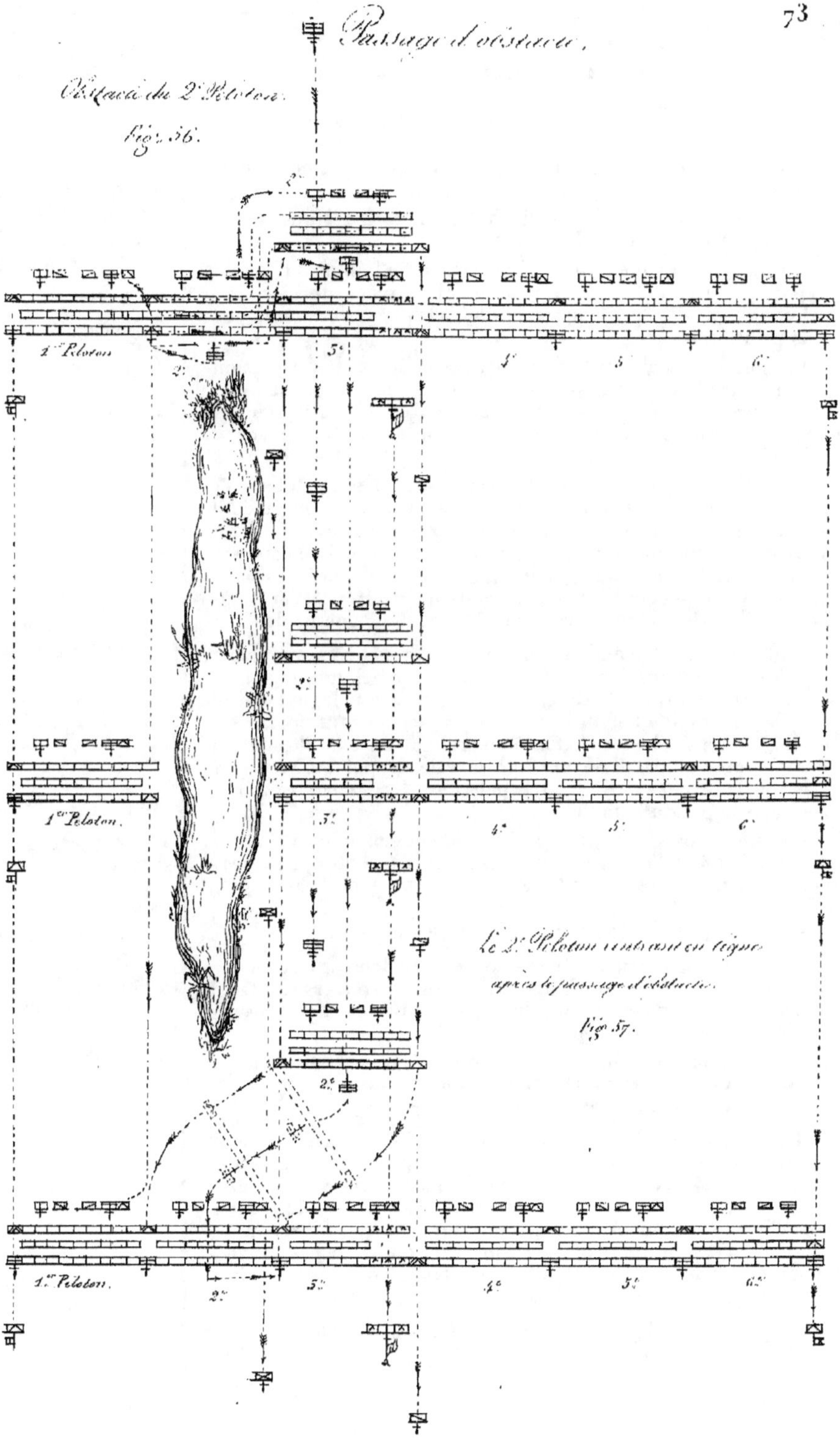

2.e Peloton.

1.er Peloton.

Le 2.e Peloton rentrant en ligne
après le passage d'obstacle.

Fig. 57.

1.er Peloton.

5ᵉ. **PARTIE**. — *Suite de l'article 8.*

Passage d'obstacle marchant en avant en bataille.

Si l'obstacle couvrait les 1ᵉʳ, 4ᵉ et 6ᵉ pelotons, le chef de ba-
taillon commanderait : . . . .

Au 1ᵉʳ commandement, les chefs des pelotons désignés se portent devant le centre de leur peloton.

Au 2ᵉ commandement, le chef du 1ᵉʳ peloton fait faire à gauche,
se porte à la gauche de son peloton, et se place derrière le 2ᵉ
peloton d'après les principes expliqués à la page précédente pour
le 2ᵉ peloton.

Le chef du 4ᵉ peloton fait exécuter exactement le même mouvement que le chef du 1ᵉʳ peloton, par les mêmes principes et
commandemens, en plaçant son peloton derrière le 5ᵉ peloton ;
les guides de droite et de gauche reprennent leur place de
colonne.

Le chef du 6ᵉ peloton se porte à la droite de son peloton, fait
vivement déboîter les trois files de droite en arrière; son guide de
droite se porte devant l'homme de droite du 1ᵉʳ rang, se met en
marche aussitôt que le 4ᵉ peloton l'a dépassé, se dirigeant derrière et parallèlement au 4ᵉ peloton; le chef de peloton laisse
filer son peloton conduit par son guide de droite, et lorsque sa
dernière file de gauche arrive à sa hauteur, il commande : . . . .

Au 3ᵉ commandement, le peloton fait à gauche en marchant ;
le guide de gauche se porte à la gauche de son peloton, et marche
dans les traces du guide de gauche du 4ᵉ peloton, lequel marche
dans les traces du chef du 5ᵉ peloton qui, se trouvant sur la ligne,
est toujours à sa place de bataillon marchant en bataille ; le chef
du 6ᵉ peloton se porte devant le centre de son peloton, et quand
il le voit à distance entière du 4ᵉ peloton, il commande AU PAS,
et prend le pas du bataillon.

L'obstacle passé, le chef de bataillon commande : . . . .
Les 1ᵉʳ et 4ᵉ pelotons rentrent en ligne d'après les principes et
commandemens prescrits à la page précédente pour le 2ᵉ peloton.

Le chef du 6ᵉ peloton fait face à son peloton et commande : . .

Au 2ᵉ commandement, le peloton fait un demi-quart de conversion ; lorsque son chef juge qu'il a assez conversé, il fait le
3ᵉ commandement et de suite le 4ᵉ, et rentre en ligne par les
principes prescrits page 48.

Si le peloton dont la garde du drapeau fait partie est obligé
de se porter en arrière, le porte-drapeau rentre au 1ᵉʳ rang au
moment où le peloton fait à droite.

L'adjudant se place à six pas en avant de l'extrémité du peloton
derrière lequel marche celui du porte-drapeau, pour conserver
le pas et la direction ; aussitôt que le peloton rentre en ligne,
le rang du porte-drapeau se replace six pas en avant du front du
bataillon, et le porte-drapeau est assuré dans sa direction par
l'adjudant-major qui se porte à vingt-cinq ou trente pas en avant,
faisant face au chef de bataillon qui l'établit sur la perpendiculaire d'après les principes déjà expliqués.

Le passage d'obstacle par le 3ᵉ rang, se fait par les mêmes
principes et commandemens.

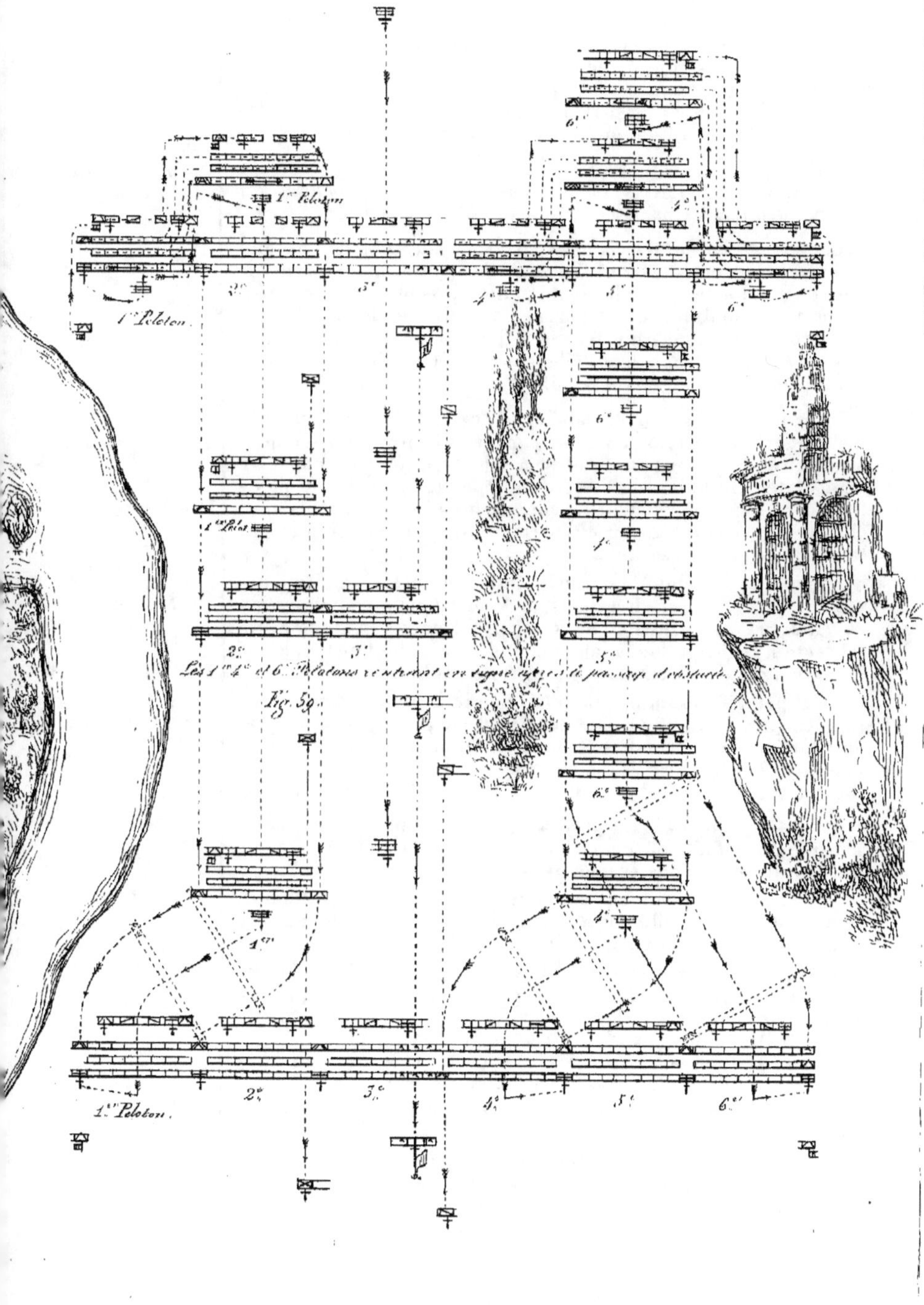
Fig. 58
Obstacle des 1er 4e et 6e Pelotons.
1er Peloton
1er Peloton
2e
3e
4e
5e
6e
6e
5e
4e
3e
2e
1er
6e
1er Pelot.
Les 1er 4e et 6e Pelotons rentrent en ligne après le passage d'obstacle.
Fig. 59
1er
4e
6e
1er Peloton
2e
3e
4e
5e
6e

5ᵉ **PARTIE**. — ARTICLE **9**.

Passer le défilé en retraite par une des ailes.

Le bataillon marchant en bataille en retraite, rencontre un défilé qui se trouve en arrière de l'aile gauche du bataillon, et donnant passage à une section, le chef de bataillon arrête le bataillon, le remet face en tête, place un jalonneur à quinze ou vingt pas en arrière des serre-files, au point où les sections devront changer de direction pour entrer dans le défilé, et commande : . . . .

Aussitôt, le chef du 1ᵉʳ peloton commande : 1º 1ᵉʳ *peloton par le flanc droit*, 2º A DROITE, 3º *pas accéléré*, MARCHE.

Le 1ᵉʳ peloton fait par le flanc droit, le sous-officier de remplacement, se porte devant l'homme de droite du 1ᵉʳ rang, le chef de peloton se met à la gauche du sous-officier de remplacement, et conduit son peloton par file à droite ; lorsqu'il a dépassé de quatre pas le rang des serre-files, il converse une seconde fois à droite, se dirige vers l'aile gauche du bataillon marchant parallèlement à la ligne de bataille.

Le 2ᵉ peloton fait par le flanc droit, exécute le même mouvement que le 1ᵉʳ peloton, et fait par file à droite à la place qu'il occupe, et assez tôt pour que la 1ʳᵉ file de son peloton suive immédiatement la dernière file du 1ᵉʳ peloton ; les autres pelotons font le même mouvement, conversent à l'endroit où ils sont, chaque file venant tourner où la 1ʳᵉ a fait sa conversion et suit le peloton qui le précède.

Lorsque le 2ᵉ peloton se trouve entièrement sur la même direction que le 1ᵉʳ, le chef du 1ᵉʳ peloton commande *par section en ligne*, MARCHE ; aussitôt les sections formées, le guide de la 1ʳᵉ section se dirige sur le jalonneur placé au point où la colonne doit changer de direction pour entrer dans le défilé.

Le 2ᵉ peloton continue à marcher par le flanc se dirigeant parallèlement à la ligne de bataille, se forme par *section en ligne*, aussitôt que le 3ᵉ peloton se trouve entièrement sur sa direction marchant par le flanc ; les autres pelotons exécutent ce mouvement comme il vient d'être prescrit pour les 1ᵉʳ et 2ᵉ pelotons.

La 1ʳᵉ section étant arrivée à hauteur du jalonneur placé à l'entrée du défilé, tourne à gauche et exécute son passage, ce que les autres sections exécutent.

Si les derniers pelotons ne peuvent se former par section en ligne que dans le défilé, ils s'y dirigent en y entrant de manière à pouvoir exécuter le mouvement.

Lorsque les deux premières sections sont sorties du défilé, le chef de bataillon fait former les pelotons, et chaque peloton exécute ce mouvement lorsque ses deux sections sont hors du défilé. Si le défilé était trop étroit pour passer une section, le chef de bataillon fait marcher par le flanc ; chaque chef de peloton ayant soin de faire serrer les files en marchant.

On fait former *par peloton en ligne* aussitôt que la place le permet.

Si le défilé se trouve en arrière de l'aile droite, on le passe par l'aile gauche d'après les mêmes principes et les moyens inverses; le dernier peloton commence le mouvement.

En arrière par l'aile droite, passez le défilé.

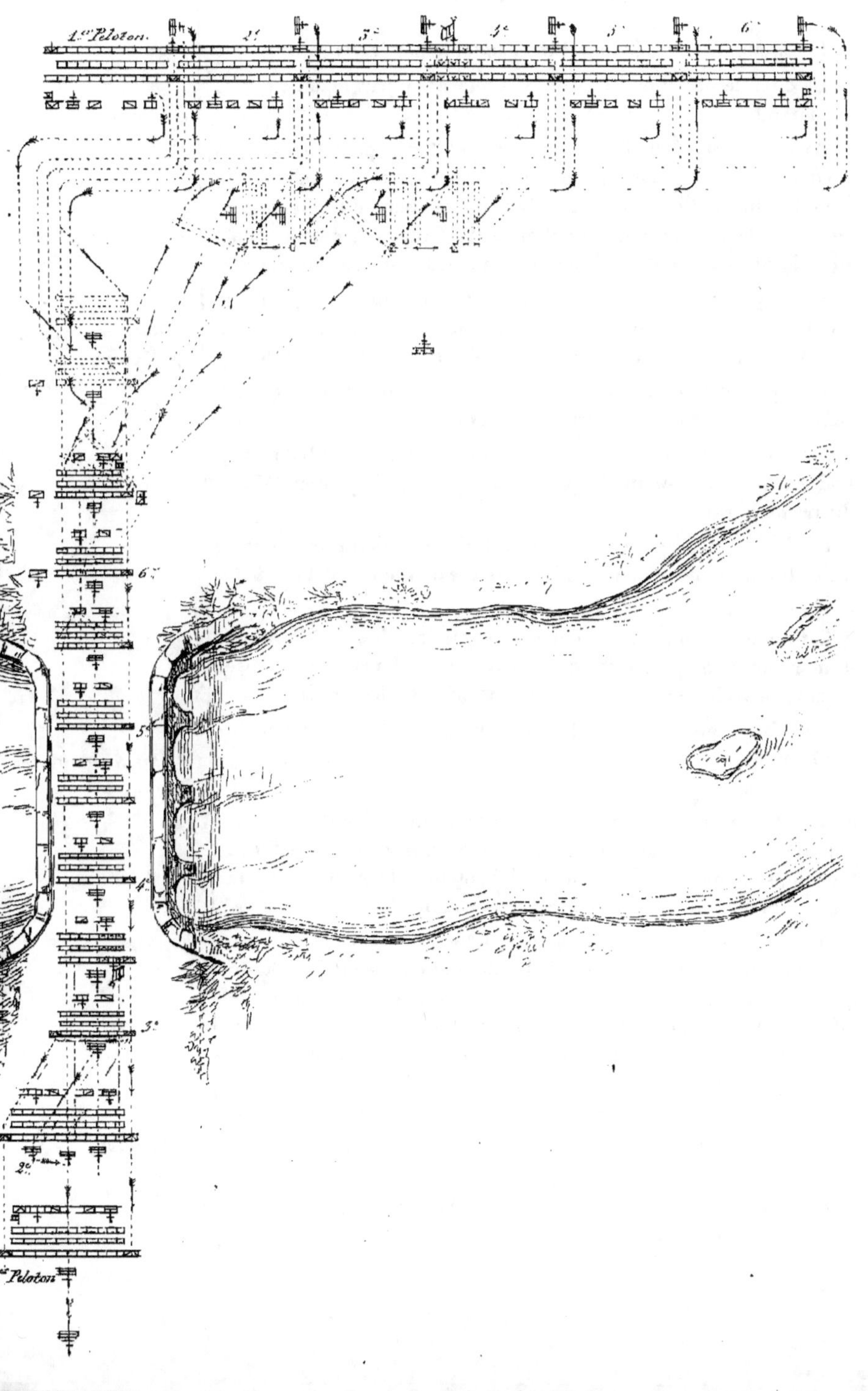

Passer le défilé en retraite par l'aile droite.

Fig. 60.

5e PARTIE. — ARTICLE 10.

Marche par le flanc.

Le bataillon étant en marche en bataille par le 1er rang.

Le chef de bataillon voulant faire marcher par le flanc droit, commande : ....

Au 1er commandement, les chefs de peloton se portent à un pas en dehors du 1er rang, et sont remplacés par les sous-officiers de remplacement. Le sergent qui ferme la gauche du bataillon se porte également un pas en dehors, et se place comme les chefs de peloton; le caporal placé derrière lui, au 3e rang, se porte au 1er.

Au 2e commandement, le bataillon fait à droite ; ce qui étant exécuté, le chef de bataillon commande : ....

Au 4e commandement, tout le bataillon se met en marche.

Le sous-officier de remplacement du 1er peloton prend des points à terre pour se diriger droit devant lui.

L'adjudant-major se porte à hauteur de la tête du bataillon ; l'adjudant à hauteur du drapeau, tous deux à six pas en dehors du premier rang.

Le chef de bataillon veille à ce qu'il n'y ait pas d'espace entre les pelotons, que chacun suive bien exactement celui qui le précède.

Les chefs de peloton veillent à ce que les files ne s'ouvrent ni marchent trop près l'une de l'autre, et font prendre les distances, mais insensiblement si elles viennent à les perdre.

Pour faire converser par file à droite, le chef de bataillon commande : ....

La 1re file, conduite par le chef du 1er peloton, converse à droite; toutes les autres files, et successivement tous les autres pelotons, viennent converser au même endroit où la 1re file a tourné ; si l'on commande par file à gauche, le principe est le même, le chef du 1er peloton tourne à gauche.

Si le bataillon fait par le flanc gauche, chaque chef de peloton se porte contre le sous-officier de remplacement du peloton qui marche ordinairement après le sien ; le chef du dernier peloton se place à la droite du sergent qui ferme la gauche du 1er rang du bataillon, lequel reste à sa place, ainsi que le caporal placé au 3e rang.

Le chef de bataillon arrête le bataillon marchant par le flanc par le commandement de : ....

Au 2e commandement, le bataillon s'arrête promptement; au 3e commandement, il fait front, les officiers et sous-officiers reprennent leur place de bataille.

Marche par le flanc et par file à droite.

Fig. 61.

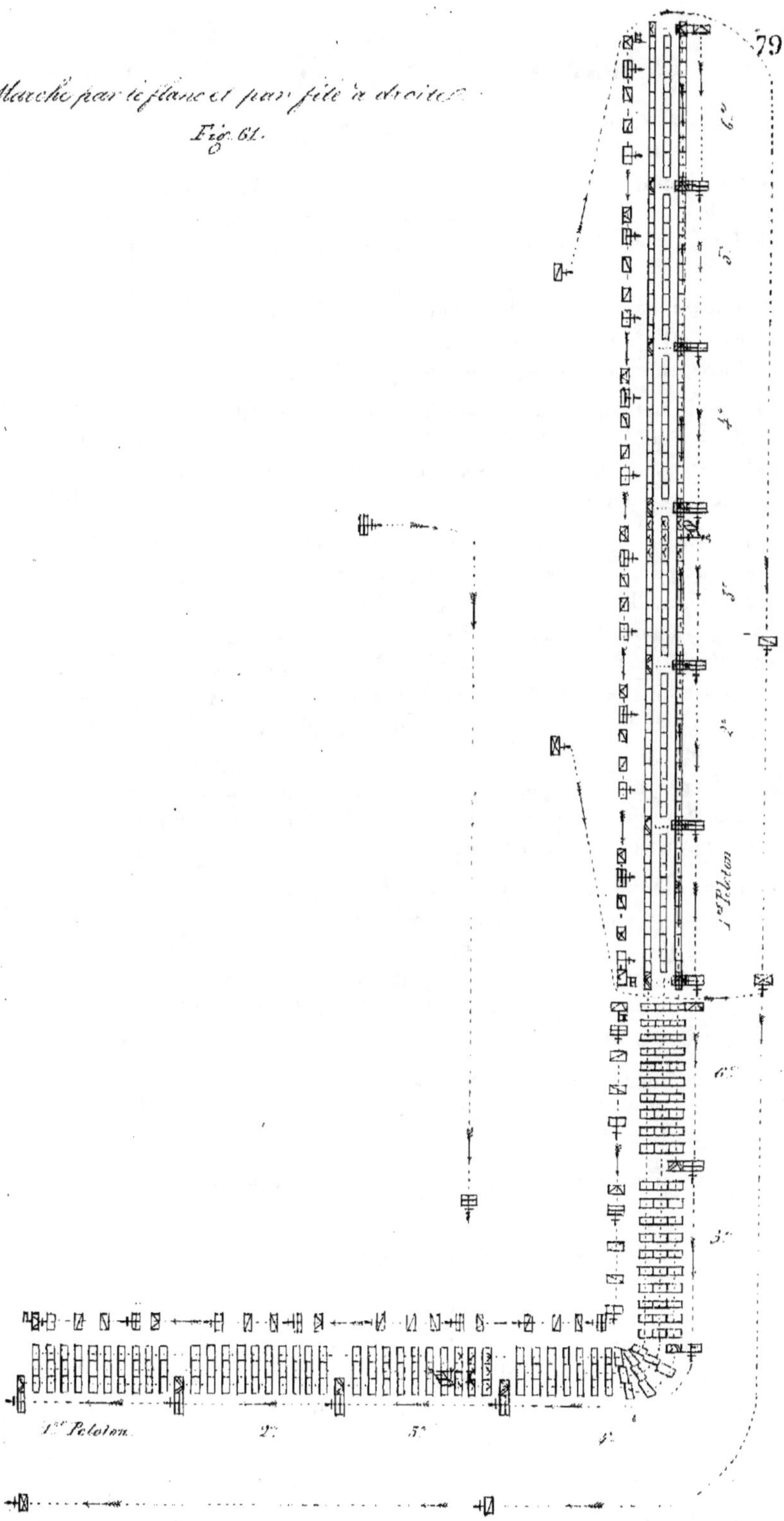

5ᵉ **PARTIE**. — ARTICLE 11.

Former le bataillon sur la droite par files en bataille.

Le bataillon marchant par le flanc droit , le chef de bataillon voulant le former par files sur la droite en bataille, indique à l'adjudant-major la direction qu'il veut donner à la ligne de bataille.

L'adjudant-major établit deux jalonneurs sur cette direction, le 1ᵉʳ au point où devra se placer la tête du bataillon ; le 2ᵉ à un peu moins que distance de peloton du 1ᵉʳ sur la direction.

La tête du bataillon étant près d'arriver à hauteur du 1ᵉʳ jalonneur, le chef de bataillon commande : .... et fait le 2ᵉ commandement quand la 1ʳᵉ file est exactement à hauteur du 1ᵉʳ jalonneur.

Le chef du 1ᵉʳ peloton et le sous-officier de remplacement tournent de suite à droite ; le chef de peloton vient se placer sur la ligne de bataille, de manière à ce que l'homme de droite du 1ᵉʳ rang ait sa poitrine appuyée contre le bras du 1ᵉʳ jalonneur ; le sous-officier de remplacement se place derrière le chef de peloton au 3ᵉ rang ; chaque soldat vient successivement se placer sur la ligne de bataille , d'après les principes expliqués à l'École du peloton.

Les autres pelotons se portent en ligne de la même manière , chaque chef de peloton se plaçant à côté de l'homme de gauche du 1ᵉʳ rang du peloton qui le précède.

Avant que les files de gauche n'arrivent sur la ligne, les guides de gauche, dans chaque peloton , se portent sur la ligne de bataille pour jalonner , et se placent au point où doit appuyer la gauche de leur peloton , excepté le guide de gauche du 1ᵉʳ peloton, qui reste en serre-file, la gauche de son peloton étant jalonnée par le 2ᵉ jalonneur.

L'adjudant-major assure les guides à mesure qu'ils se portent sur la ligne, et veille à ce que la ligne de bataille ne soit pas débordée par le 1ᵉʳ rang.

La formation étant terminée , le chef de bataillon commande :

Si le bataillon marchait par le flanc gauche, la formation s'exécuterait par les mêmes principes et les commandemens et moyens inverses.

Le dernier peloton tournerait à l'endroit où doit appuyer la gauche du bataillon; les guides de droite iraient jalonner la ligne de bataille ; au commandement de *guides à vos places*, les chefs de peloton se porteraient à la droite de leur peloton.

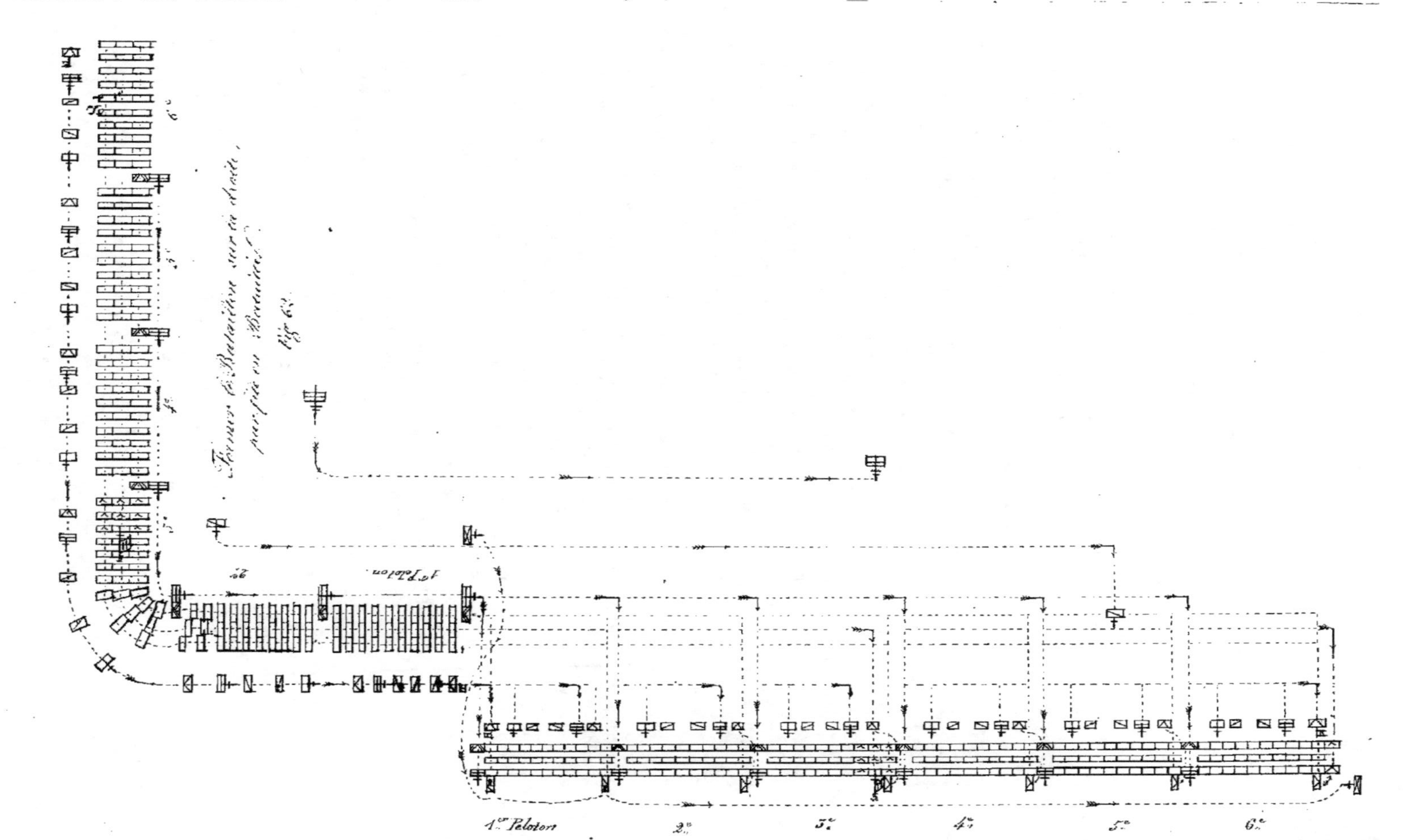

Former le Bataillon sur la droite,
par file en Bataille.
Fig 62.
1er Peloton
2e
3e
4e
5e
6e

5ᵉ PARTIE. — ARTICLE 12.

Changement de front en avant.

Le bataillon étant en bataille, le chef de bataillon voulant faire changer de front en avant sur le 1ᵉʳ peloton, place deux jalonneurs sur la nouvelle direction, le 1ᵉʳ à hauteur de la tête du 1ᵉʳ peloton, le 2ᵉ sur la nouvelle direction, un peu moins éloigné que distance de peloton du 1ᵉʳ jalonneur ; ordonne ensuite au chef du 1ᵉʳ peloton d'établir son peloton contre les jalonneurs.

Le chef de ce peloton commande *à droite conversion ;* la conversion se fait à pivot fixe ; le chef de peloton se porte à la droite de son peloton, commande *à droite* ALIGNEMENT, et aligne sur les jalonneurs.

Le chef de bataillon voyant ce mouvement exécuté, commande:

Au 1ᵉʳ commandement, les chefs de peloton, excepté le chef du 1ᵉʳ peloton, se portent devant le centre de leur peloton.

Au 3ᵉ commandement, les pelotons conversent à pivot fixe ; les guides de gauche se portent à la gauche de leur peloton aussitôt qu'ils peuvent passer.

Le chef de bataillon jugeant que les pelotons ont assez conversé, commande : . . . .

Au 4ᵉ commandement, les pelotons cessent de converser.

Au 5ᵉ commandement, ils se mettent en marche droit devant eux ; le guide de droite du 2ᵉ peloton marche en avant ; arrivé à hauteur de la file de gauche du 1ᵉʳ peloton, le chef du 2ᵉ peloton commande : . . . .

Le guide de droite tourne à droite, de manière à arriver contre l'homme de gauche du 1ᵉʳ peloton ; lorsqu'il est à trois pas de la ligne de bataille, le chef du 2ᵉ peloton commande : . . . . et se porte à côté de l'homme de gauche du 1ᵉʳ rang du 1ᵉʳ peloton.

Au 4ᵉ commandement, le guide de gauche va jalonner la nouvelle ligne de bataille.

Le chef de peloton voyant son guide assuré par l'adjudant-major, commande : . . . . et lorsque son peloton est aligné, il commande : . . . .

Les autres guides de droite ont marché droit en avant, suivant exactement la file du peloton qui est devant eux ; chaque peloton tourne à droite quand il est à hauteur du flanc gauche du peloton qui le précède, et est assuré sur la ligne de bataille par son chef, d'après les commandemens et principes prescrits pour le chef du 2ᵉ peloton.

La formation terminée, le chef de bataillon commande : . . . . .

On change de front en avant sur le dernier peloton par les commandemens inverses ; le chef du dernier peloton exécute ce qui a été dit pour le chef du 1ᵉʳ peloton.

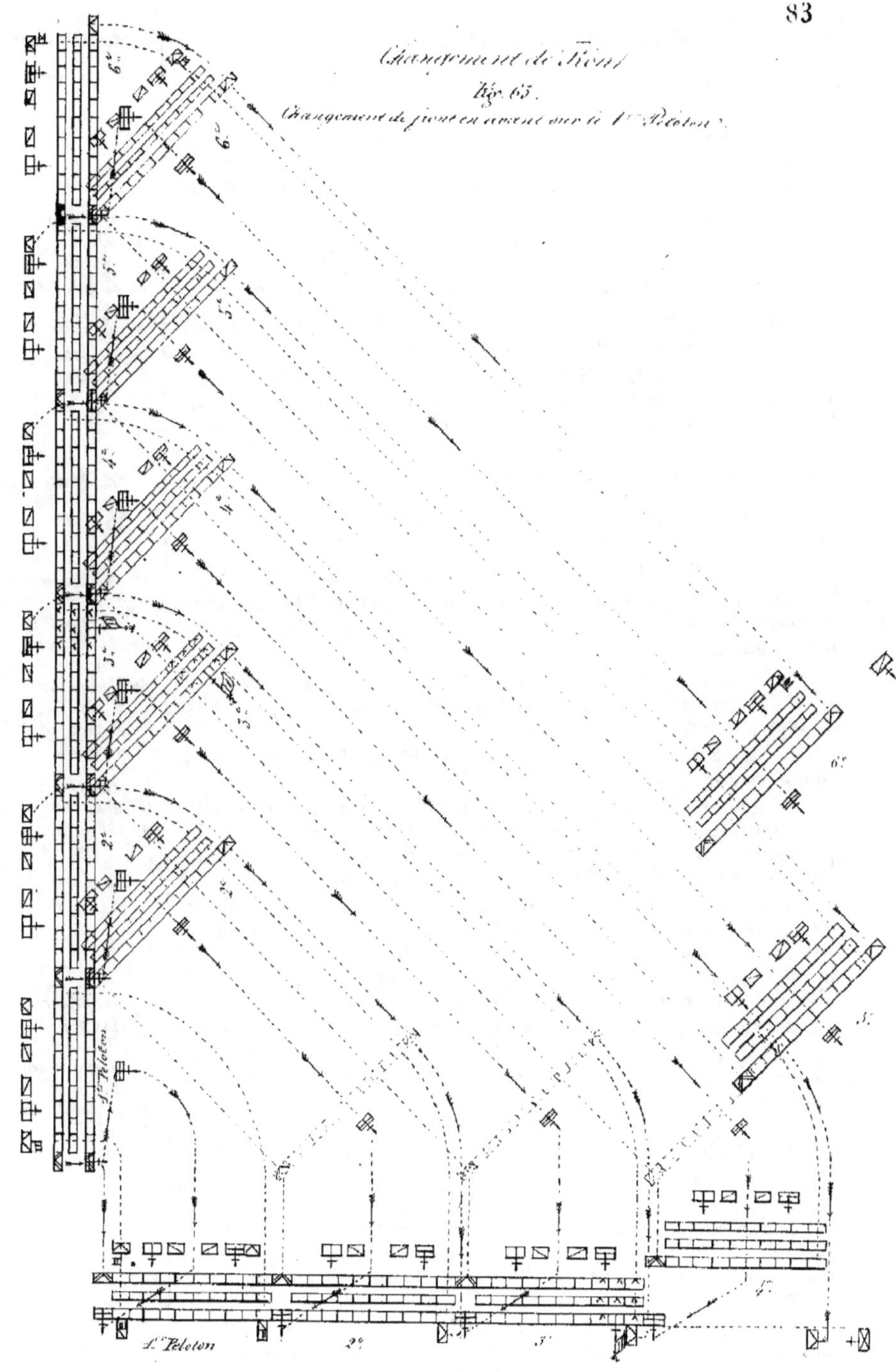

Changement de Front
Fig. 65.
Changement de front en avant sur le 1er Peloton.
1er Peloton
2e
3e
4e
5e
6e

5ᵉ. **PARTIE.** — *Suite de l'article 12.*

Changement de front perpendiculairement en arrière.

Le bataillon étant en bataille, le chef de bataillon voulant faire changer de front perpendiculairement en arrière sur le 1ᵉʳ peloton, le chef de ce peloton lui indique la nouvelle direction.

Le chef du 1ᵉʳ peloton commande : . . . .

Au 2ᵉ commandement, le peloton fait demi-tour.

Au 4ᵉ commandement, il converse à gauche à pivot fixe.

Lorsque le peloton se trouve sur la nouvelle direction, le chef de ce peloton commande : . . . .

Le chef de bataillon fait placer deux jalonneurs en avant du 1ᵉʳ peloton pour déterminer la ligne de bataille, le 1ᵉʳ en avant la file de droite, le 2ᵉ en avant de la file de gauche des jalonneurs assurés.

Le chef du 1ᵉʳ peloton commande : . . . .

Et lorsque son peloton est aligné, il commande : . . . . et reste à la droite de son peloton.

Ces dispositions faites, le chef de bataillon commande : . . . . .

Au 2ᵉ commandement, tous les pelotons, excepté le 1ᵉʳ, font demi-tour, les chefs de peloton se portent derrière le centre de leur peloton.

Au 4ᵉ commandement, les pelotons conversent à gauche à pivot fixe; les guides de gauche se placent à la gauche du 3ᵉ rang de leur peloton devenue droite.

Le chef de bataillon voyant que les pelotons ont assez conversé, commande : . . . .

Les pelotons marchent droit devant eux, les guides de droite marchent dans la trace de la file qui se trouve devant eux du peloton qui précède ; le 2ᵉ peloton arrivant à hauteur de la gauche du 1ᵉʳ peloton, le chef du 2ᵉ peloton commande : . . . .

Au 2ᵉ commandement, le peloton tourne à gauche, le guide de droite se dirige de manière à traverser carrément la ligne de bataille près de la dernière file de gauche du 1ᵉʳ peloton ; lorsque le 1ᵉʳ rang a dépassé de trois pas le 1ᵉʳ rang du 1ᵉʳ peloton, le chef du 2ᵉ peloton commande : . . . .

Au 4ᵉ commandement, le peloton s'arrête ; au 6ᵉ il fait demi-tour, son chef se porte contre l'homme de gauche du 1ᵉʳ rang du 1ᵉʳ peloton, fait le 7ᵉ commandement, et le 8ᵉ lorsque son peloton est aligné.

Chaque chef de peloton exécute ce qui vient d'être prescrit pour le chef du 2ᵉ peloton, faisant tourner à gauche aussitôt que leur peloton est à hauteur du flanc gauche du peloton qui le précède et qui est sur la ligne de bataille.

Les guides de gauche vont jalonner la ligne et sont assurés par l'adjudant-major à mesure qu'ils se portent sur la ligne. La formation achevée, le chef de bataillon commande *guides à vos places.*

On change de front en arrière sur le dernier peloton par les moyens inverses. Le chef du dernier peloton exécute ce qui a été prescrit par le chef du 1ᵉʳ peloton.

Changement de front perpendiculaire en arrière sur le 1.er Peloton.

Fig. 64.

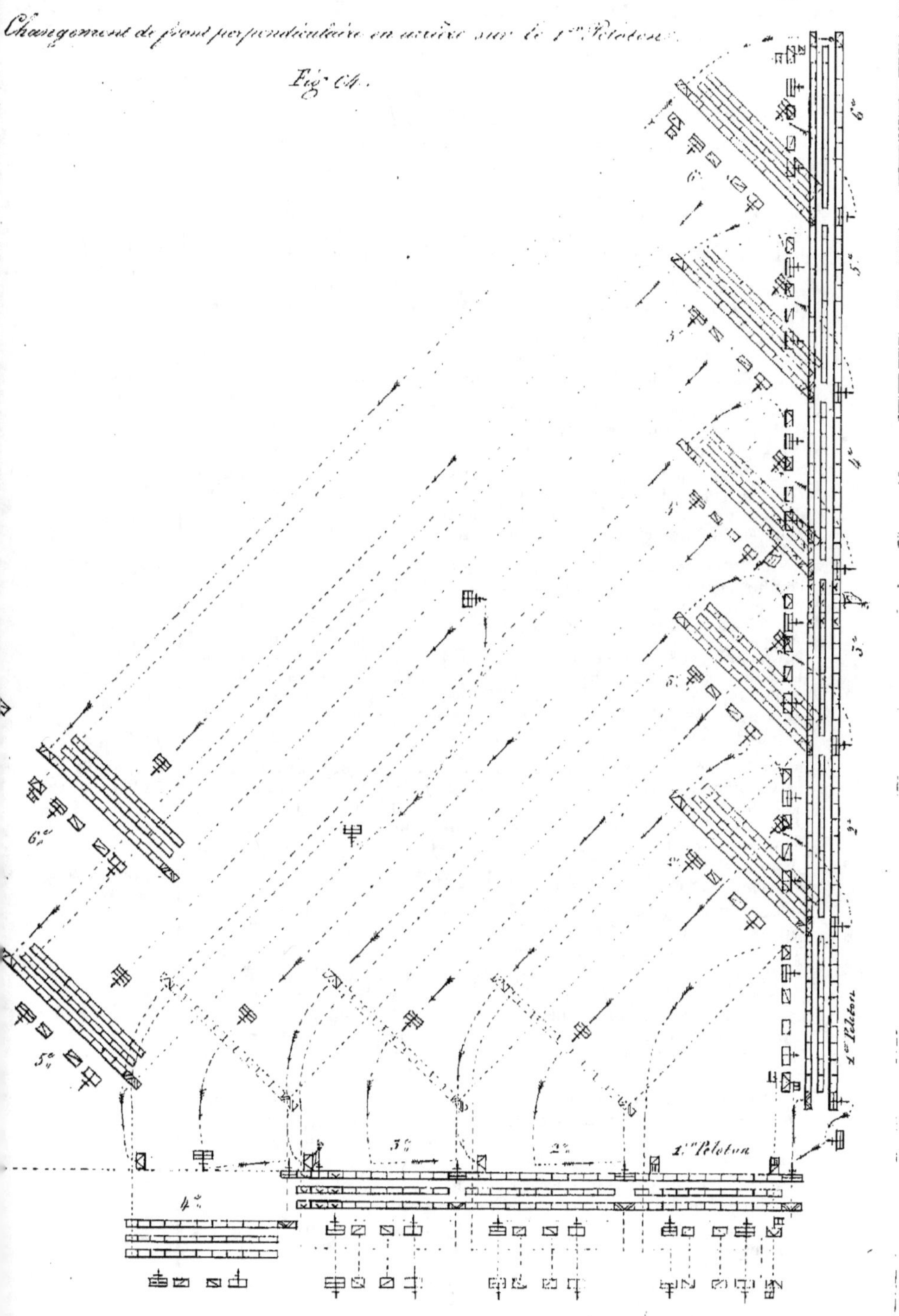

5ᵉ. PARTIE. — ARTICLE 13.

Ployer le bataillon en colonne double sur le centre.

Le bataillon étant en bataille, le chef de bataillon voulant faire ployer la colonne double sur le centre, commande : ....

Les chefs de peloton se portent devant le centre de leur peloton, et sont remplacés au 1ᵉʳ rang par leur sous-officier de remplacement.

Les chefs des 3ᵉ et 4ᵉ pelotons les préviennent qu'ils ne bougent pas.

Les chefs des 1ᵉʳ et 2ᵉ pelotons les préviennent qu'ils feront à gauche, et les chefs des 5ᵉ et 6ᵉ pelotons avertissent leur peloton qu'ils feront à droite. Ces dispositions faites, le chef de bataillon commande : .....

Les 1ᵉʳ et 2ᵉ pelotons font à gauche, leurs chefs se portent à la gauche de leur peloton et font déboîter en arrière les trois dernières files.

Les 5ᵉ et 6ᵉ pelotons font à droite, leurs chefs se portent à la droite de leur peloton et font déboîter en arrière les trois premières files, ce qui étant exécuté, le chef de bataillon commande : ....

Les 3ᵉ et 4ᵉ pelotons devant former la 1ʳᵉ division ne bougent pas, le chef du 3ᵉ peloton se porte devant le centre de la division, en prend le commandement, et commande : ....

Le chef du 4ᵉ peloton reprend sa place à la droite de son peloton au 1ᵉʳ rang, son sous-officier de remplacement recule au 3ᵉ rang à sa place de division ; le guide de gauche se porte à la gauche de son peloton pour être guide de gauche de la division.

Au 3ᵉ commandement, les autres pelotons se sont mis en marche conduits par leurs chefs. Le 2ᵉ peloton fait par file à gauche, marche perpendiculairement en arrière ; arrivé à distance de peloton, son chef fait faire par file à droite et entre parallèlement au 3ᵉ peloton.

Le chef du 5ᵉ peloton a fait par file à droite, a marché perpendiculairement en arrière ; arrivé à distance de peloton, il fait faire par file à gauche et entre parallèlement au 4ᵉ peloton ; la gauche du 2ᵉ peloton et la droite du 5ᵉ peloton se trouvant réunies à hauteur du centre de la colonne, leurs chefs commandent : ....

Au 2ᵉ commandement, les pelotons arrêtent ; le guide de gauche du 2ᵉ peloton se porte en serre-file ; au 3ᵉ commandement, ils font front, et la file de droite du 5ᵉ peloton appuie sur la file de gauche du 2ᵉ peloton ; ces deux pelotons forment la 2ᵉ division ; le chef du 5ᵉ peloton se porte au centre dans le 1ᵉʳ rang ; le chef du 2ᵉ peloton se porte à la droite et commande : ....
et vient se placer devant le centre de la division.

Le chef du 1ᵉʳ peloton conduit son peloton par une ligne diagonale au point où il doit entrer dans la colonne, et quand il est à distance entière du 2ᵉ peloton qui le précède, il entre parallèlement à ce peloton.

Le chef du 6ᵉ peloton a marché également par une ligne diagonale au point où il doit entrer dans la colonne ; arrivé à distance entière du 5ᵉ peloton, il entre parallèlement ; sa droite et la gauche du 1ᵉʳ peloton étant arrivées à hauteur du centre de la colonne, les chefs de peloton arrêtent leur peloton comme il a été prescrit pour les chefs des 2ᵉ et 5ᵉ pelotons.

Ces deux pelotons forment la 3ᵉ division ; le chef du 1ᵉʳ peloton se porte à droite, commande guide à droite et prend le commandement de la division, le chef du 6ᵉ peloton se porte à la droite de son peloton au 1ᵉʳ rang et au centre de la division.

L'adjudant-major assure les guides de droite dans leur direction. La colonne double a ordinairement le guide à droite.

On peut ployer la colonne double serrée en masse par les mêmes principes.

COMMANDEMENS.
—

1ᵘ *Colonne double à distance de peloton,*

2ᵒ *Bataillon* A GAU-CHE ET A DROITE,

3ᵒ *Pas accéléré,* MARCHE,

Guide à droite.

1ᵒ *Peloton,*
2ᵒ HALTE,
3ᵒ FRONT,

4ᵒ *A droite* ALIGNE-MENT.

Ployer le Bataillon en colonne double sur le centre.

Fig. 65.

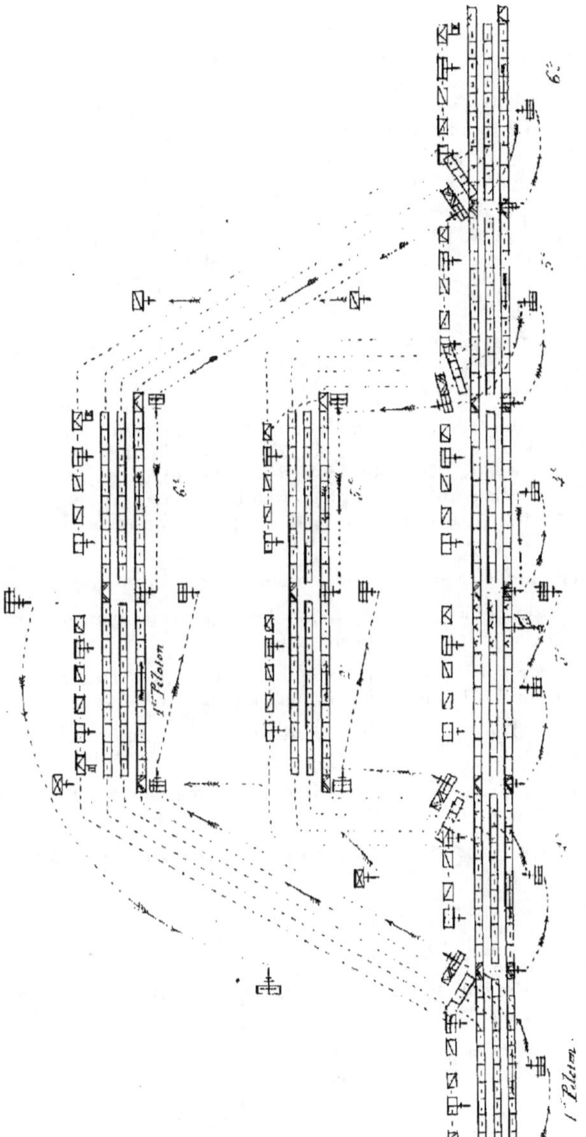

3ᵉ. **PARTIE.** — *Suite de l'article 13.*

Déploiement de la colonne double.

Le chef de bataillon voulant faire déployer la colonne double en avant, fait placer un jalonneur devant la 1ʳᵉ file de droite de la 1ʳᵉ division , un 2ᵉ devant la dernière file de gauche et un 3ᵉ au centre de la division, devant la dernière file de gauche du 3ᵉ peloton ; il envoie les deux guides généraux sur l'alignement des jalonneurs, un peu au-delà des points où doivent arriver les ailes du bataillon, et commande : . . . .

Au 2ᵉ commandement , les 1ᵉʳ et 2ᵉ pelotons font par le flanc droit, leurs chefs se portent à la droite de leur peloton ; les 5ᵉ et 6ᵉ pelotons font par le flanc gauche , leurs chefs se portent à la gauche de leur peloton ; ce qui étant exécuté, le chef de bataillon commande : . . . .

Les 2ᵉ et 3ᵉ divisions se mettent en marche ; ce déploiement se fait d'après les principes prescrits pour le déploiement des colonnes serrées , voyez page 56.

Au 3ᵉ commandement, les chefs des 3ᵉ et 4ᵉ pelotons formant la 1ʳᵉ division , se portent à la droite de leur peloton et alignent leur peloton à droite ; le chef du 3ᵉ peloton se place au 2ᵉ rang pour céder sa place au 2ᵉ chef du 2ᵉ peloton , lorsqu'il se porte contre l'homme de droite du 3ᵉ peloton pour aligner le sien à gauche.

Le déploiement terminé, le chef de bataillon commande : . . .

Les chefs de peloton du demi-bataillon de droite reprennent leur place de bataille, ainsi que les guides.

Pour former la colonne double à distance de peloton, face à droite en bataille, le chef de bataillon commande : . . . .

Tous les chefs de peloton se portent devant le centre de leur peloton.

Les chefs des trois premiers pelotons les avertissent qu'ils vont se former à droite en bataille.

Les chefs des trois derniers pelotons préviennent qu'ils vont se porter en avant.

Le chef de bataillon commande ensuite : . . . .

Le guide de gauche du 3ᵉ peloton se porte vivement sur la direction des guides de droite de la colonne , leur fait face , et se place de manière à correspondre au flanc gauche de son peloton lorsqu'il sera en bataille.

Au 3ᵉ commandement , les trois pelotons de droite se forment à droite en bataille d'après les principes prescrits page 44.

Les trois derniers pelotons se forment sur la droite en bataille d'après les principes expliqués page 46.

L'adjudant-major assure le guide de gauche du 3ᵉ peloton, et successivement les guides des derniers pelotons.

On forme la colonne double face à gauche en bataille, d'après les mêmes principes et les commandemens et moyens inverses.

COMMANDEMENS.

1º *Déployez la colonne ,*

2º *Bataillon* A DROITE ET A GAUCHE ,

3º *Pas accéléré ,* MARCHE.

Guides, A VOS PLACES.

1º *A droite en bataille , pelotons de gauche sur la droite en bataille ,*

2º *Bataillon guide à droite ,*

3º *Pas accéléré ,* MARCHE.

Déploiement de la Colonne double.
Fig. 66.

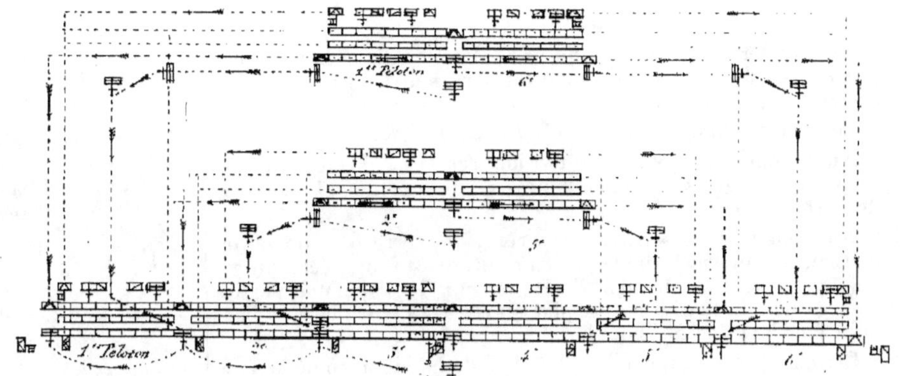

Déploiement de la Colonne double face à droite en Bataille.

Fig. 67.

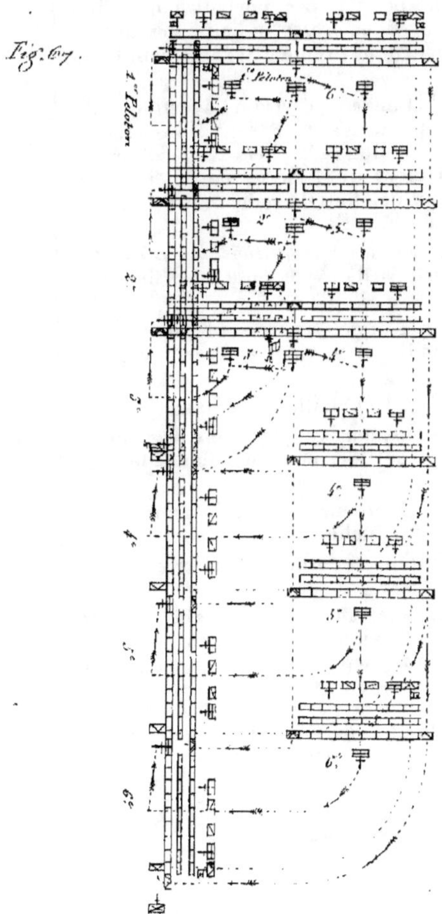

5ᵉ PARTIE. — ARTICLE 14.

Dispositions contre la cavalerie (*)

COMMANDEMENS.

Le bataillon étant en colonne par peloton à distance entière, la droite en tête, après avoir fait former les divisions d'après les principes prescrits page 40.

Le chef de bataillon commande : . . . .

1º Pour former le carré,

Au 3ᵉ commandement, les divisions serrent à distance de peloton ; l'adjudant se porte au flanc droit de la colonne à hauteur de la 1ʳᵉ division.

2º A distance de peloton serrez la colonne,

Au moment où la 4ᵉ division arrête, les serre-files de cette division se portent à deux pas en avant du 3ᵉ rang, ceux du 7ᵉ peloton passent par le flanc droit, et ceux du 8ᵉ peloton par le flanc gauche de la division, se placent vis-à-vis leur place de bataille face à la tête du bataillon.

3º Pas accéléré.
MARCHE.

Cette disposition terminée, le chef de bataillon commande :

1º Formez le carré,

Au 1ᵉʳ commandement, l'adjudant-major faisant face au guide de gauche, et l'adjudant au guide de droite, les alignent sur les guides de la 4ᵉ division qui ne bougent pas, portant leurs armes verticalement au milieu du corps, la crosse en l'air ; les guides de droite se plaçant sur la direction, prennent exactement leurs distances.

2º A droite et à gauche en bataille,

Au 2ᵉ commandement, le chef de la 1ʳᵉ division l'avertit qu'elle ne bouge pas ; les chefs de peloton des 2ᵉ et 3ᵉ divisions se portent devant le centre de leur peloton ; les chefs des pelotons de droite de ces divisions préviennent qu'ils se formeront à droite en bataille ; les chefs des deux pelotons de gauche préviennent qu'ils se formeront à gauche en bataille.

Le chef de la 4ᵉ division commande : 1º *4ᵉ division en avant,* 2º *guide à gauche,* et se porte à deux pas en dehors du flanc gauche de sa division.

Le porte-drapeau recule sur la ligne des serre-files de son peloton, vis-à-vis sa place de bataille ; il est remplacé par le caporal du second rang de sa file.

Ces dispositions faites, le chef de bataillon commande : . . . . .

3º Pas accéléré,
MARCHE.

Les chefs des 1ʳᵉ et 4ᵉ divisions, ainsi que les chefs de peloton des deux autres divisions répètent vivement le commandement de marche.

La 1ʳᵉ division ne bouge pas, seulement sa file de droite fait à droite, et sa file de gauche fait à gauche.

Les pelotons des 2ᵉ et 3ᵉ divisions se forment à droite et à gauche en bataille.

La 4ᵉ division sert pour former le carré : son chef l'arrête quand elle est près des ailes des pelotons qui se sont formés à droite et à gauche, lui fait faire demi-tour et l'aligne par le 3ᵉ rang ; le chef du 8ᵉ peloton passe au 3ᵉ rang devenu 1ᵉʳ ; le sous-officier de remplacement de ce peloton passe au 1ᵉʳ rang devenu 3ᵉ ; la 1ʳᵉ file de droite et la dernière file de gauche font à droite et à gauche ; les serre-files serrent à un pas du 1ᵉʳ rang.

(*) J'ai dû, pour la régularité de cette manœuvre, remettre le bataillon de huit pelotons, voyez l'avertissement page 3.

Disposition contre la Cavalerie.

Fig. 68.

Formez le carré.

Le mouvement est arrêté avant le commandement de Guides à vos pièces.

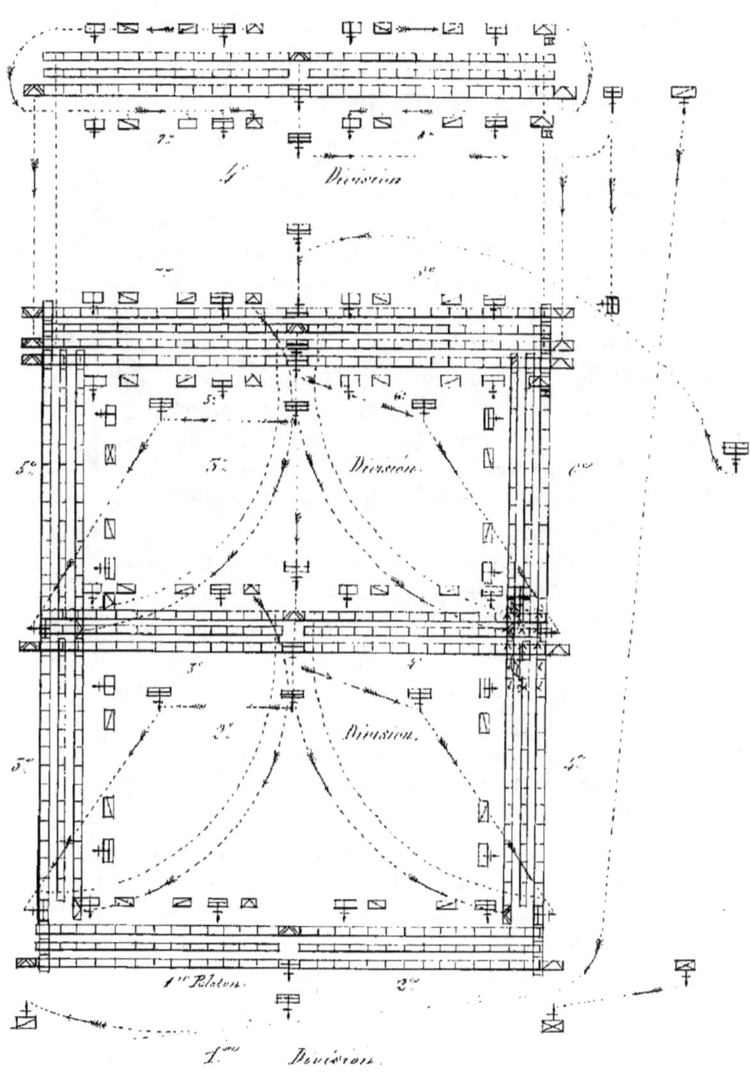

5ᵉ. PARTIE. — *Suite de l'article 14.*

Formation du bataillon carré.

Le carré étant formé comme il a été prescrit à la page précédente, le chef de bataillon commande : ....

Guides, À VOS PLACES.

Les chefs des 1ʳᵉ et 4ᵉ divisions entrent dans le carré en passant par le créneau du chef de peloton pair de leur division, et se placent au centre derrière les serre-files.

Les guides de ces deux divisions entrent aussi dans le carré, en passant par le même créneau que leur chef de division, et se portent, le sous-officier de remplacement à la droite, et le guide de gauche à la gauche des serre-files, chacun à leur peloton.

Les chefs de peloton qui se sont formés à droite restent à la gauche de leur peloton : leur guide de gauche se place au 3ᵉ rang derrière eux, et les sous-officiers de remplacement de ces mêmes pelotons se portent en serre-file à la droite de leur peloton, en passant par le créneau du chef de peloton du centre de la 2ᵉ face dont ils font partie.

Les chefs de peloton qui se sont formés à gauche restent à la droite de leur peloton ; leur sous-officier de remplacement se place au 3ᵉ rang derrière leur chef de peloton ; les guides de gauche se portent en serre-file à la gauche de leur peloton en passant par le créneau du chef de peloton placé au centre de la 3ᵉ face dont ils font partie.

L'adjudant-major et l'adjudant entrent dans le carré, passant par le créneau du chef de peloton placé au centre de la 1ʳᵉ face; le premier se place derrière la droite, le second derrière la gauche de cette face qui est la 1ʳᵉ division.

Le chef de bataillon entre dans le carré avant que la 4ᵉ division n'ait entièrement serré.

Les tambours, musiciens et sapeurs se placent derrière la 2ᵉ division, et se portent derrière la 1ʳᵉ lorsque les pelotons de la 2ᵉ font à droite et à gauche.

Si la colonne était serrée en masse, lorsque le chef de bataillon veut faire former le carré, il commanderait : ....

1º *Pour former le carré,*
2º *Par la tête de la colonne prenez distance de peloton.*

Ce qui s'exécute d'après les principes prescrits page 36 ; le chef de bataillon arrête la colonne lorsque la 3ᵉ division a sa distance, et il fait former le carré comme il a été dit ci-dessus.

Si la colonne avait la gauche en tête, le carré se forme par les mêmes principes, mais les commandemens et moyens inverses ; cependant les faces conservent toujours leur même dénomination que si la droite était en tête : ainsi, la 1ʳᵉ division forme toujours la 1ʳᵉ face, les 3ᵉ et 5ᵉ pelotons, la 2ᵉ face ; les 4ᵉ et 6ᵉ pelotons, la 3ᵉ face, et la 4ᵉ division, la 4ᵉ face.

Disposition contre la Cavalerie.

Fig. 69.

Carré entièrement formé.

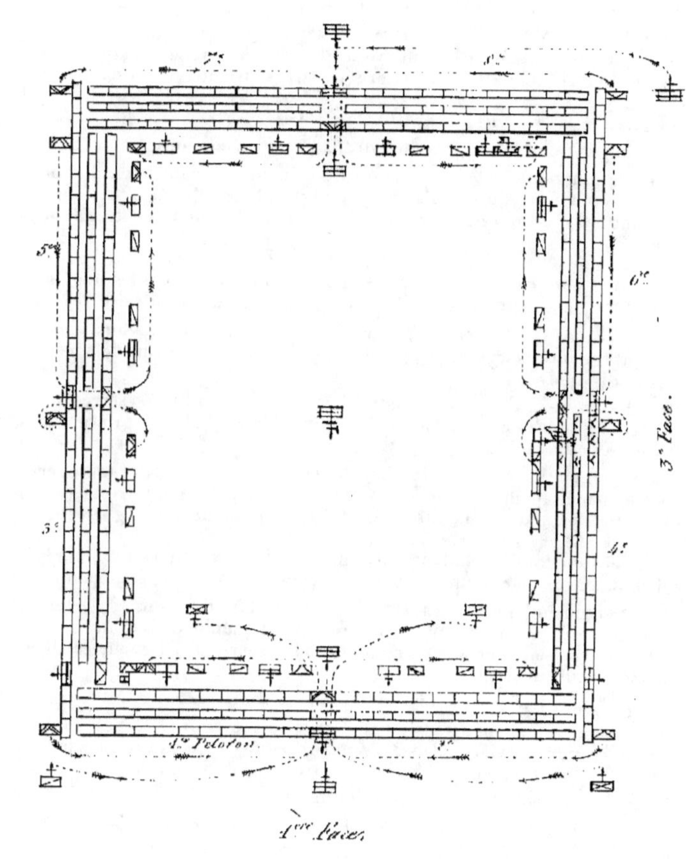

3ᵉ **PARTIE**. — *Suite de l'article 14.*

Dispositions contre la cavalerie.

Le carré étant formé, pour le faire porter en avant, le chef de bataillon commande : ....

Le chef de la 1ʳᵉ division commande aussitôt : ....

Le commandement de la 2ᵉ face, qui sera le chef du 3ᵉ peloton, fait faire à gauche et commande *par peloton par file à gauche.*

Le commandant de la 3ᵉ face, qui sera le chef du 4ᵉ peloton, fait faire à droite et commande *par peloton par file à droite.*

Lorsque les 2ᵉ et 3ᵉ faces ont fait à droite et à gauche, chaque chef de peloton fait déboîter en arrière les trois premières files de son peloton.

Le chef de la 4ᵉ division l'avertit de ne pas bouger.

Ces dispositions faites, le chef de bataillon commande : ....

A ce commandement, la 1ʳᵉ division se porte en avant l'étendue du front d'un peloton, son chef l'arrête, se porte à la gauche de sa division, commande *à gauche alignement*, et se replace devant le centre de la division.

Les 3ᵉ et 5ᵉ pelotons conversent par file à gauche ; les 4ᵉ et 6ᵉ pelotons conversent par file à droite, se portent à la rencontre les uns des autres ; lorsqu'ils sont réunis, leurs chefs les arrêtent, font faire *front.*

Les divisions étant formées, leurs chefs se portent à gauche, commandent *à gauche alignement*, et reprennent leur place devant le centre de leur division.

Le chef de la 4ᵉ division fait faire demi-tour à droite ; les serre-files de cette division restent devant le 1ᵉʳ rang ; le chef se trouve devant le centre de sa division.

La colonne ainsi formée, le chef de bataillon peut la faire marcher en avant par les principes prescrits page 23 ; les guides de droite doivent converser entre eux distance de peloton comme les guides de gauche.

Le chef de bataillon voulant faire marcher le carré en retraite après avoir fait former la colonne comme il a été dit ci-dessus, commande :

Au 2ᵉ commandement, les serre-files des 2ᵉ et 3ᵉ divisions se portent devant le 1ᵉʳ rang en passant par la droite et la gauche de leur division, se placent vis-à-vis leur place de bataille ; les serre-files des autres divisions ne bougent pas.

Ce qui étant exécuté, le chef de bataillon commande : ....

A ce commandement, tout le bataillon fait demi-tour ; les chefs de division se portent devant le 3ᵉ rang devenu 1ᵉʳ, en passant par le créneau du chef de peloton placé au centre de la division.

Les guides se portent au 3ᵉ rang devenu 1ᵉʳ.

La colonne ainsi disposée, peut être mise en marche par le 3ᵉ rang et reformer le carré par les principes prescrits ci-dessus, mais par les moyens inverses ; cependant chaque face conserve toujours sa dénomination primitive.

Le bataillon étant en carré par le 3ᵉ rang, s'il doit marcher en retraite, le chef de bataillon fait former la colonne comme il a été dit, mais par les moyens inverses ; c'est la 4ᵉ division qui se porte en avant et la 1ʳᵉ qui fait demi-tour à droite.

Lorsque le chef de bataillon commande de rompre le carré, chaque chef de division exécute ce qui a été prescrit pour former la colonne, mais le porte-drapeau, les adjudans et les serre-files reprennent leur place de colonne.

Une colonne disposée pour former le carré étant en marche, change toujours de direction par une conversion, ce qui oblige de prendre le guide du côté opposé au changement de direction s'il ne s'y trouve pas.

Bataillon lance se formant en Colonne.

Fig. 70.

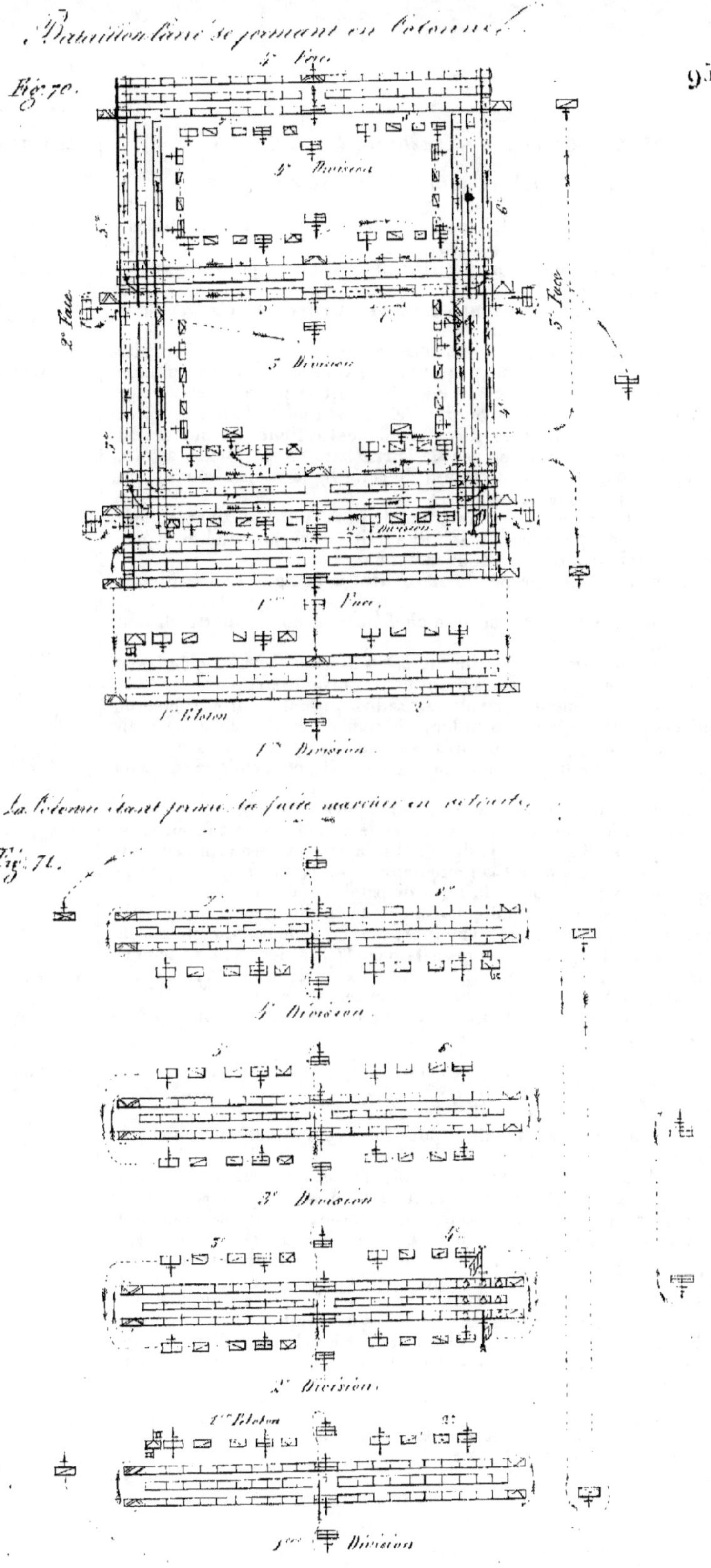

La Colonne étant formée la faire marcher en retraite.

Fig. 71.

5ᵉ PARTIE. — *Suite de l'article 14.*

Dispositions contre la cavalerie.

Pour former le carré parallèlement à la ligne de bataille, le chef de bataillon commande : ....

Au 1ᵉʳ commandement, chaque chef de division se porte devant le centre de sa division.

Au 2ᵉ commandement, ils font déboîter en arrière les trois premières files de droite de leur division.

Au 3ᵉ commandement, les divisions rompent en arrière à droite d'après les principes prescrits page 18 ; le bataillon étant en colonne par division , forme le carré comme il a été indiqué pages 90 et 92.

Le bataillon carré se trouve parallèle à la ligne de bataille , parce que les guides conservent la direction de cette ligne , et que si l'on reforme la colonne et que l'on veuille la remettre en marche en avant , elle peut marcher dans la direction de cette ligne et par conséquent parallèlement à la ligne de bataille.

Si l'on avait rompu en arrière à gauche, les guides seraient encore sur la direction, puisque la colonne aurait la gauche en tête, et que les guides seraient à droite et sur la ligne de bataille.

Pour former le carré perpendiculairement à la ligne de bataille, le chef de bataillon commande : ....

Au 1ᵉʳ commandement , chaque chef de division se porte devant le centre de sa division.

Au 2ᵉ commandement , le chef de la 1ʳᵉ division l'avertit qu'elle ne bouge pas, les autres les préviennent qu'ils doivent faire à droite.

Au 3ᵉ commandement, les trois autres divisions font à droite ; chaque chef de ces divisions conduisent leur division en arrière de la 1ʳᵉ division à distance de peloton , d'après les principes prescrits page 20 ; le bataillon ainsi disposé , forme le carré comme il a été expliqué pages 90 et 92.

Le bataillon carré se trouve perpendiculaire à la ligne de bataille, parce que la direction des guides, lorsque la colonne est formée, se trouve perpendiculaire à cette ligne ; et si la colonne se mettait en marche en avant, elle couperait la ligne de bataille, la traversant perpendiculairement ; la direction de la ligne de bataille serait perdue.

On forme le carré perpendiculairement sur la ligne de bataille sur la 4ᵉ division , par les mêmes principes ; ou en colonne double sur le centre , d'après les principes prescrits page 86 , et les commandemens suivans : ....

De cette manière, le feu peut commencer de suite par la division qui reste sur la ligne de bataille, pendant que les autres divisions forment le carré.

ARTICLE 15.

Ralliement.

Le bataillon étant en bataille, pour faire rompre et éparpiller, le chef de bataillon fait battre *la berloque* (*).

Lorsque le chef de bataillon veut rallier le bataillon, il fait battre *au drapeau* , place le porte-drapeau et deux jalonneurs éloignés l'un de l'autre un peu moins que l'étendue d'un peloton , sur la direction qu'il veut donner à la ligne de bataille ; chaque chef de peloton rallie son peloton à six pas en arrière de la place qu'il doit occuper sur la ligne.

Si le chef de bataillon veut rallier le bataillon en colonne, il fait battre *l'assemblée* et place deux jalonneurs sur l'emplacement que doit occuper le 1ᵉʳ peloton ; le chef du 1ᵉʳ peloton rallie son peloton derrière les deux jalonneurs ; les autres chefs de peloton rallient leur peloton à distance de section en arrière du peloton qui le précède, dans l'ordre de leur numéro.

(*) On doit, lorsque l'on rompt , ou pour mieux dire lorsque l'on fait reposer le bataillon , faire former les faisceaux sur l'emplacement de la ligne de bataille , ce qui conserve cette ligne et donne plus de facilité à réunir les pelotons.

Former le Carré parallèlement à la ligne de Bataille.

Fig. 72.

Le Bataillon a rompu par divisions en arrière à droite.

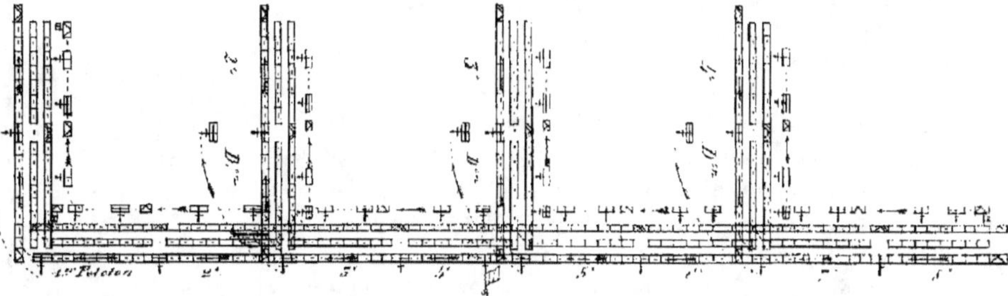

Les divisions ont serré sur la tête de la colonne pour former le Carré.

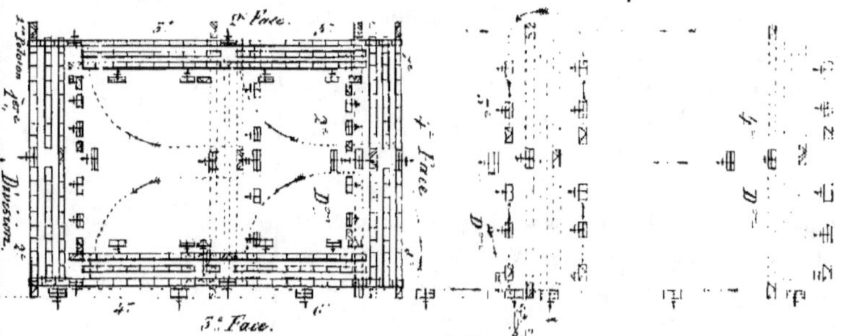

Former le Carré perpendiculairement à la ligne de Bataille.

Fig. 73.

Le Bataillon s'est placé en colonne serrée par divisions
à distance de Section en arrière de la 1.ère Division.

5ᵉ PARTIE. — ARTICLE 16.

Règle pour manœuvrer par le troisième rang.

Pour mettre le bataillon par le 3ᵉ rang, le chef de bataillon commande : ....

Dans un bataillon en ordre de bataille, ce mouvement s'exécute comme il a été prescrit pour les feux par le 3ᵉ rang, page 12; les chefs de peloton passent au 3ᵉ rang devenu 1ᵉʳ; les officiers de remplacement au 1ᵉʳ rang devenu 3ᵉ, et les serre-files derrière le 1ᵉʳ rang, voyez fig. 9.

Si le bataillon est en colonne par division, par peloton ou section, les chefs des subdivisions passent par le flanc gauche de leur peloton, pour prendre leur nouvelle place de colonne.

Les guides se placent au 3ᵉ rang devenu 1ᵉʳ.

Les serre-files passent par le flanc droit de leur peloton pour se porter derrière le 1ᵉʳ rang, et doivent se trouver vis-à-vis de la place de bataille qu'ils occupaient lorsqu'ils étaient derrière le 3ᵉ rang.

La colonne étant par division, les chefs de peloton placés au 1ᵉʳ rang au centre de la division, passent au 3ᵉ rang devenu 1ᵉʳ, leurs sous-officiers de remplacement passent au 1ᵉʳ rang.

Les serre-files des pelotons impairs passent par la droite de la division; les serre-files des pelotons pairs passent par la gauche.

L'adjudant-major se porte à hauteur de la subdivision de la tête qui est le dernier peloton;

L'adjudant à hauteur de la subdivision de la queue qui est le 1ᵉʳ peloton.

Le chef de bataillon fait exécuter par le 3ᵉ rang les mêmes manœuvres que par le 1ᵉʳ rang, d'après les mêmes principes et commandemens; seulement dans cette position c'est la gauche qui est en tête et le guide est à droite.

Le bataillon étant en bataille par le 3ᵉ rang, le dernier peloton est à droite et le 1ᵉʳ à gauche; le chef de bataillon doit, avant de faire ployer la colonne, annoncer dans son commandement si la colonne doit avoir la droite ou la gauche en tête : ainsi, s'il fait ployer sur le 1ᵉʳ peloton, il commande *guide à droite*; si c'est sur le dernier peloton, il commande *guide à gauche*.

Pour remettre la colonne face en tête, le chef de bataillon commande : ....

Au 3ᵉ commandement, les chefs de peloton se portent devant le 1ᵉʳ rang en passant par la gauche de leur peloton qui est devenu droite, c'est-à-dire du côté de leur sous-officier de remplacement.

Les serre-files passent du côté du guide de gauche qui était guide de droite du peloton avant de remettre le bataillon face en tête.

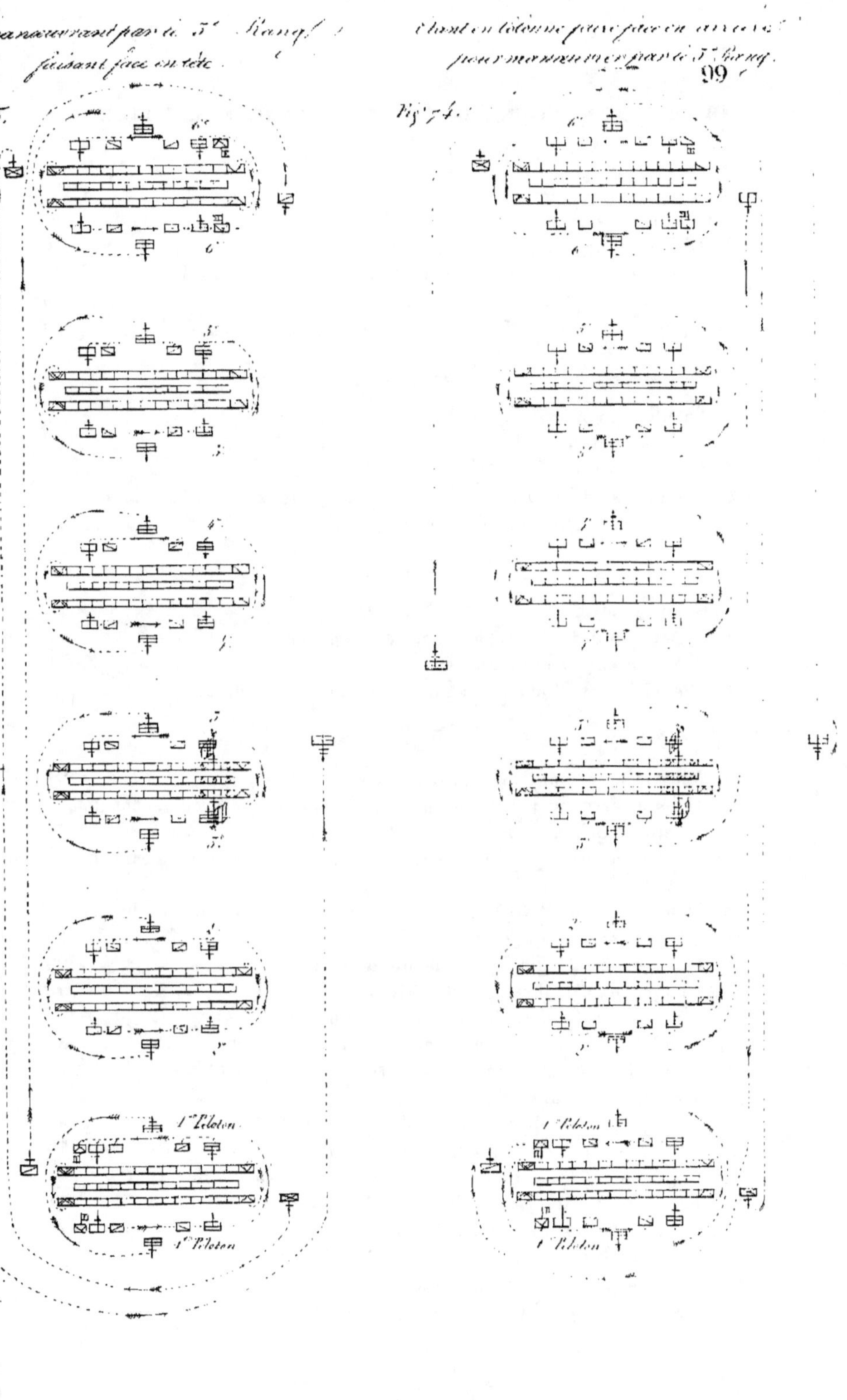
manœuvrant par le 5.e Rang
faisant face en tête.
étant en colonne par pelotons en arrière
pour manœuvrer par le 5.e Rang.
99
Fig. 74.
1.er Peloton
1.er Peloton
1.er Peloton
1.er Peloton

ORDRE DANS LEQUEL SE TROUVENT PLACÉES LES FIGURES

DANS L'ÉCOLE DE BATAILLON.

VINCHON, Fils et Successeur de Mme. Ve. BALLARD;
Imprimeur, rue J.-J. Rousseau, no. 8, à Paris.